アルネ・ヤコブセン
ARNE JACOBSEN
Timeless Design
時代を超えた造形美

和田菜穂子
Nahoko Wada

学芸出版社

「建築に遊び心がなくなると
　　　進歩しなくなる」

Timeless Design

　デンマークでは大切な人と過ごす「ゆったりとした時間や空間」を一番に考えています。それは辛く長い冬を快適に過ごすための生活の知恵から生まれたものでした。照明器具や家具などのインテリアデザインが発達したのもそこからです。孫の代まで末長く愛用される製品には、時代を経ても美しいデザイン、つまり〈Timeless Design〉が潜んでいます。機能性を保持したシンプルなデザインこそ、時代や国を超えて愛されるものなのです。

　ミッドセンチュリーに活躍したアルネ・ヤコブセンは、家具デザイナーとしてその名が知られていますが、彼の名を知らなくても「アントチェア」や「セブンチェア」を目にしたことがあるはずです。これらの椅子は、究極なまでに無駄を削ぎ落し、機能美を追求した〈Timeless Design〉でした。

　実はヤコブセンの本業は建築家で、彼の建築は今見ても驚愕する画期的なアイディアにあふれています。当時は斬新さゆえ、批判が多かったのも事実です。しかし今改めて見ても、新鮮な輝きを放ち続ける〈Timeless Design〉であることに気がつきます。そして「遊び心」を忘れていません。

　本書は日本語初のヤコブセンの書籍となります。第1章ではヤコブセンの人物紹介をします。頑固一徹で、完璧主義者だったヤコブセン。その一方で、植物を愛するやさしい心の持ち主でもありました。第2章は主要作品の紹介です。デンマーク初の高層建築「SAS ロイヤルホテル」など、新しい挑戦を続けました。第3章はヤコブセンのこだわりについてです。彼のこだわりを4つに分類し、独自の視点から分析を行います。

　筆者は2006年から2008年までの2年間、デンマークの首都コペンハーゲンで暮らしていました。住所はなんと偶然にもアルネ・ヤコブセン通り。「ヤコブセンについて、しっかり学びなさい！」という神様のお告げだったとしか思えません。いつか将来、ヤコブセンの展覧会を日本で開催することが夢ですが、その前にまず実際に訪れた数々の建築を写真や文章で紹介することが、私に課せられた使命だと思いました。

　さあ、あなたもヤコブセン・ワールドの扉を開けてみませんか？　きっと〈Timeless Design〉の虜となるはずです。

Contents

Timeless Design … 3

Chapter 1
ヤコブセンの生涯　Jacobsen's Life … 7

- **1** わんぱくな少年時代 … 9
- **2** 頭角を現したアカデミー時代 … 11
- **3** 成功と引き換えの孤独な家庭 … 14
- **4** スウェーデンへの亡命 … 15
- **5** 戦後の目覚ましい活躍 … 17

Chapter 2
ヤコブセンの仕事　Jacobsen's Works … 21

1 斬新なアイディアに満ちた住宅 … 22
- 未来の家……ヤコブセンの原点 … 22
- 自邸……西欧モダニズムへの初の試み … 26
- ヤコブセンのサマーハウス……ランドスケープとの融合 … 31
- シモニー邸……困難な条件をクリアしたミニマリズム … 31
- コックフェルト氏のサマーハウス……ポップな色彩 … 34
- レオ・ヘンリクセン邸……円形へのこだわり … 35

2 海辺に映える白の建築群 … 39
- ベラヴィスタ集合住宅……海浜にそびえたつ白亜の殿堂 … 39
- ベルビュー・シアター＆レストラン……波をイメージした夏のレジャー施設 … 42
- ベルビュー・ビーチの施設……ストライプで統一 … 46
- マットソン乗馬クラブ……かまぼこ型のスポーツ施設 … 47
- テキサコ・ガスステーション……アントチェアの原型 … 47

3　風土に根ざした集合住宅　50
スーホルムⅠ、Ⅱ、Ⅲ……戦後初の低層集合住宅　50
アレフースネ集合住宅……伝統素材への回帰　54

4　周囲に馴染んだオフィス・商業施設・工場　55
ノヴォ社増築……既存建築との連続性　55
ステリング・ビル……歴史的景観への配慮　58
魚のスモークハウス……断崖絶壁にそびえたつモニュメント　59

5　開かれた公共建築　63
オーフス市庁舎……物議をかもしたモダニズムの傑作　63
スレルズ市庁舎……控えめな合理主義　70
ロドオウア市庁舎……カーテンウォールのモダンなデザイン　71
ロドオウア図書館……水平線を強調したフラットなデザイン　71

6　採光を駆使した学校建築　75
ホービー小学校……光も人も集まる集会場　75
ムンケゴー小学校……ハイサイドライトの開口部と中庭　78
ニュエア小学校……センター・コルドーシステムでの工夫　82

7　トータルデザインの傑作　83
SAS ロイヤルホテル……徹底した完璧主義　83
デンマーク国立銀行……究極の芸術作品　87

Chapter 3
ヤコブセンのこだわり　Jacobsen's Manner　91

1　細部にこだわるデザイン　92
ドアノブ　92
階段　94

暖炉 94
　　灰皿 95
　　水栓金具 95
　　照明器具 98
　　テーブルウエア 98
　　時計 99

2　量産化のためのミニマム・デザイン 102
　　家具の量産化：アントチェア、セブンチェア 102
　　住宅の規格化：クーブフレックスハウス 110

3　同時代のモダニストから想を得たデザイン 114
　　白い箱型建築：
　　　ル・コルビュジエの機能主義×トーヴァル・ペーダーセン邸 114
　　開放的なインテリアデザイン：
　　　アスプルンドのヨーテボリ裁判所×オーフス市庁舎 118
　　近未来的な屋根の開閉システム：
　　　プルーヴェのクリシー人民の家×ベルビュー・シアター 122
　　サマーハウスに見る北欧モダニズムの真髄：
　　　アスプルンド×アールト×ヤコブセン 123

4　静なる緑のデザイン 130
　　水彩画に描かれた樹木 130
　　テキスタイル・デザイン、壁紙に描かれた植物 131
　　インテリアとしての緑の植栽 134
　　エクステリアとしての緑の植栽 135

　　注釈　144　/　年譜　150　/　主要作品リスト　152　/　地図　154
　　あとがき 156
　　図版出典・参考文献 158

Chapter 1
ヤコブセンの生涯

Jacobsen's Life

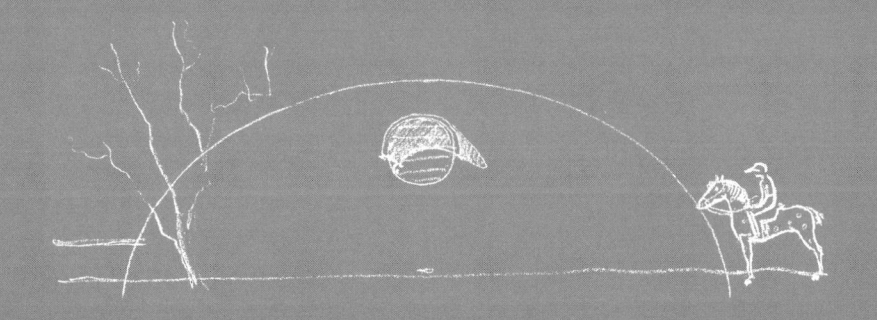

デンマーク・デザインの巨匠、アルネ・ヤコブセン[1]（1902 — 1971）。日本では家具デザイナーとしてその名が知られています。最もポピュラーなのは、「アントチェア」[2]「セブンチェア」[3]「エッグチェア」[4]「スワンチェア」[5] などです。これらの椅子は、機能的で美しいだけでなく、使いやすさと親しみやすさから、世界中の人々に現在も支持されています。日本でもカフェや美術館でよく見かけます。皆さんもきっとどこかでヤコブセンの椅子に出会っているはずです。

　デンマークは北欧5カ国（デンマーク、スウェーデン、ノルウェー、フィンランド、アイスランド）の中で最南に位置しています。バルト海と北海に囲まれたユトランド半島はドイツと陸続きですが、首都コペンハーゲンのあるシェラン島、古都オーデンセのあるフュン島など全部で442の群島で構成されている島国です。フィンランド以外の他の北欧諸国とは、民族のルーツも、言語も、宗教も、ほぼ同じです。国土は小さく、日本の九州に匹敵する大きさで、人口もわずか550万人程度[6]の小国です。主な産業は平らな土地を活かした農業で、酪農がさかんです。最も高い標高でも173メートルしかありません。日本へは豚肉やハムなどの加工食品を輸出しています。その他、オーディオメーカーのバング＆オルフセン[7]、玩具のレゴ[8]、陶磁器のロイヤル・コペンハーゲン[9]、コンフォート・シューズのエコー[10]、医薬品のノヴォ・ノルディスク[11]などが日本では知られています。

　そのデンマークがデザイン立国を標榜するようになるのは、戦後のことです。戦前は、隣国ドイツのバウハウス[12]の影響を少なからず受けつつも、伝統的な職人の技術を活かしたデンマーク独自のハンディ・クラフトが主流でした。質素な暮らしの中で良質なデザインを末永く使い続けるというのが、今も変わらぬデンマーク人の気質です。工業的な技術力に乏しかったデンマークが大国ドイツに占領されると、職人的な手作業から生まれるデンマーク・デザインは一時的に身を潜めます。その間、デザイナーたちは自分自身のアイディアを密かに蓄えていきました。そして戦後になると、そのアイディアは一気に具現化し、百花繚乱ともいえる北欧デザインブームが巻き起こります。その火付け役は、戦勝国アメリカでした。それまで

の無機質な工業製品ではなく、木の温もりを感じる有機的フォルムを持つ北欧デザインに引きつけられ、ハンス・J・ウェグナー[13]やフィン・ユール[14]らの椅子が注目を集めました。きっかけはウェグナーの「ラウンドチェア」でした。1950年にアメリカのインテリア雑誌『interiors』の表紙を飾り、「世界で最も美しい椅子」と評され、それを機にデンマーク・デザインが注目されるようになります。フィン・ユールも同年、ニューヨークの国連ビルの会議室のインテリアデザイナーに選ばれ、一挙にアメリカでその名が知られることとなりました。このように良質な椅子のデザインが世界的に求められた時代背景のなか、ヤコブセンの椅子も誕生しています。

　実はそのヤコブセン、本業は建築家でした。素晴らしい建築作品を数多く残しています。本書では彼の代表的な建築作品と、それに付随して生まれたプロダクトの一部を紹介しましょう。常に高い理想を掲げ、夢を追い続けたヤコブセン。周囲からは完璧主義者と呼ばれ、気難しい面持ちで厳しく部下に接していたようです。しかしその反面、自然を愛し、晩年には自邸の庭の手入れに情熱を注いでいたという一面もあります。少年時代は画家を目指していましたが、父親の猛反対に遭い、建築家の道へ転向します。しかしヤコブセンは絵筆を捨てませんでした。ずっと描き続けた水彩画を見ると、自然に対する愛情があふれているのがわかります。そして純粋な心を持ちあわせていたことも、絵画の作風から見てとれます。それでは彼の足跡を辿っていくことにしましょう。

1　わんぱくな少年時代

　1902年、アルネ・ヤコブセンは裕福なユダヤ系デンマーク人の家系に生まれました。父親は小物の輸入業を営む商人で、母親はデンマークで初めて銀行に勤務した知的な女性でした。ヤコブセンの記憶によると、母親は手先が器用で、家ではよく花の絵を描いていたようです。ヤコブセンはそのような母親の影響を受け、自然を愛するようになります。

　幼少の頃暮らしていた家は、刺繍が施されたクッション、陶器の置物などに囲まれたヴィクトリア様式の中流階級の住宅でした。保守的な家庭環

5歳の頃のヤコブセン

境であったということです。幼いヤコブセンはすでにその頃から、独創的な発想と卓越したデザイン感覚を発揮しています。自分の部屋を真っ白なペンキで塗り、両親を驚かせます。おそらく、ロマンチックな少女趣味に装飾されたインテリアに耐えられなかったのではないでしょうか。その後ヤコブセン一家は高級住宅が建ち並ぶリゾート地、クランペンボー[15]に引っ越します。後に彼は、この地で海辺の再開発や集合住宅を手掛け、白いモダニズム建築群を展開することになります。

　彼は小学生の頃、先生を困らせるわんぱく坊主でした。たとえば地理の授業を妨害、苦手な算数の授業をエスケープするなど、けっして優等生とはいえない数々のエピソードが残されています。同級生からは「よく冗談を言って周囲を笑わせる太った男の子」という印象が強かったようです。ヤコブセンは11歳の頃、寄宿舎に入れられ、後にデンマーク近代建築のパイオニアと呼ばれるフレミング＆モーウェンス・ラッセン兄弟[16]と巡りあいます。彼らと共にこんないたずらをして、警察や学校を巻き込んでの大騒ぎを引き起こしたこともありました。夜中に停車中の蒸気機関車を勝手に移動させたのです。翌朝、街中は大騒ぎです。すぐに蒸気機関車は見つかりましたが、彼らのいたずらは「将来の大物」を予想させる大胆なものでした。このようにわんぱくだったヤコブセンですが、その一方で水彩画の才能に秀でていました。美術の先生は、ヤコブセンに絵筆を与えると、おとなしく真面目に取り組む姿に驚嘆しました。そして彼の非凡な才能に

〈左〉絵を描くヤコブセン（1930年頃）
〈右〉ヤコブセンが描いたパエストゥム

目を見張りました。彼自身も画家を目指すようになりますが、父親と幼馴染みのフレミング・ラッセンは反対し、建築家の道へ進むことになります。

2　頭角を現したアカデミー時代

　ヤコブセンはまず技術学校へ行き、4年間ドラフトマンとして図面の引き方を習います。その後、職業訓練のためドイツへ行き、インターンとして働きます。さらに知見を広めようと、1921年ニューヨーク行きの客船に下働きとして乗り込みますが、船酔いがひどく、すぐにUターンして戻ってきます。

　1924年、ヤコブセンはデンマーク王立芸術アカデミー[17]（以下、アカデミー）に合格します。回り道をした末の入学で、すでに22歳になっていました。ヤコブセンは当時デンマーク建築界の重鎮であったカイ・フィスカー[18]、イヴァ・ベントセン[19]、カイ・ゴットロブ[20]などに師事しました。1925年のパリ万国博覧会ではカイ・フィスカー設計のデンマーク館のプロジェクトを手伝い、ヤコブセンは椅子をデザインして、見事銀メダルを獲得しました。ヤコブセンの父はパリ万博のプログラムにヤコブセンが「アーティスト」と書かれているのを見て、「アーティストとしては太りすぎているし、絵の才能もない」と皮肉を言ったそうです。

　また、カイ・フィスカーはヤコブセンら学生を連れて、ストックホルム

国立ミュージアムの
卒業設計案

のグンナー・アスプルンド[21)]のオフィスを訪ねたことがありました。夕食後、学生全員で即興のコンペをした時、アスプルンドもフィスカーもヤコブセンの提案が一番だと褒めそやしたというエピソードが残されています。何といっても当時の偉大な建築家2人のお墨付きを得たわけですから、彼はきっと大喜びしたに違いありません。実際、ヤコブセンの描いたドローイングや設計図面を見ると、他の生徒に比べ抜きんでているのが一目でわかります。ダイナミックで流動性のあるものから、美的で繊細なものまで才能の幅広さを感じさせます。ちなみに他の学生は高校からストレートに入学する者が多かったようです。ヤコブセンは仕事の経験を積んでからの入学でしたから、ユニークな経歴と持ち前の鋭い直観力で、他の学生へ多大な影響を与えたようです。

　ヤコブセンのアカデミー時代、つまり1920年代は、ドーリス主義ともいわれる古代ギリシャを模範とする新古典主義が時代の潮流となっていました。ヤコブセンも1925年にフランスとイタリアへ研修旅行に行き、古代の神殿などをスケッチしています。1924年よりアカデミーで家具学科を立ち上げたコーア・クリント[22)]の家具の授業では、過去の名作家具を分析しリデザインする手法や、プロポーション、黄金比などを用いてデザインする手法を習いました。これらの手法は、建築家となった後も役立ちました。

　また1920年初頭は、近代主義いわゆるモダニズムの萌芽期にも当たりま

〈左〉新婚旅行
〈右〉1956年にロンシャンの教会を訪ねた時、ヤコブセンが元妻マリーへ送ったポストカード
「親愛なるマリー　私が今まで訪れたなかで、一番素晴らしい場所からの手紙です。これぞまさしく本当の建築です。私が設計したどうしようもないものとは違います。手紙と同封されたもの、受け取りました。どうもありがとう。　あなたのアルネより」

す。ヤコブセンは1925年のパリ万博で、ル・コルビュジエ[23)]のエスプリ・ヌーヴォー館やコンスタンチン・メリニコフ[24)]のパヴィリオンを訪ね、新しい時代の到来を直に肌で感じています。このような新旧入り混じった混沌とした時代に、ヤコブセンはアカデミーに所属し、多様な建築様式の知見を広めていくのでした。

　1927年、ヤコブセンはアカデミーを卒業します。卒業設計は、クランペンボー地区を敷地とした国立ミュージアムの設計でした。卒業の翌年、彼の卒業設計はアカデミーのゴールド・メダル[25)]に選ばれます。ちなみに1926年はヴィルヘルム・ロウリッツェン[26)]、1937年はエリック・ムラー[27)]、1945年はヨーン・ウッツォン[28)]などの俊英がゴールド・メダルに選ばれています。

　卒業の年に、ヤコブセンは結婚します。相手は技術学校時代に知りあったマリー・イェストロップ・ホルム[29)]です。マリーはポール・ヘニングセン[30)]とも交流があり、ヤコブセンはマリーを通じて、ヘニングセンと知りあいます。ふたりの新婚旅行はイタリアとドイツでした。アカデミー時代に訪れた「パエストゥム」という古代ギリシャ遺跡を再度訪ね、古代遺跡の柱が威風堂々とそびえたつ姿をスケッチに収めています。彼が受けた感銘や、学生時代に学んだ古典様式への懐古は、生涯にわたり彼の建築の随所に表現されています。

Chapter 1　Jacobsen's Life　13

3　成功と引き換えの孤独な家庭

　ヤコブセンは卒業後、コペンハーゲン市の建築局に就職しますが、2年で辞め、独立して開業します。自分のオフィスを設立した1929年は、ヤコブセンにとって人生の大きな転換期となります。幼馴染みのフレミング・ラッセンと共に計画した「未来の家」がコンペで優勝し、それを機にデンマーク建築界にその名が知られるようになりました。その提案がいかに画期的なものであったかは、後章で述べたいと思います。そして白いモダニズム建築様式を用いて自邸を設計し、「フンキス (機能主義) アーキテクト」と呼ばれるようになります。

　さてヤコブセンの家庭生活についてですが、建築家としての仕事が順風満帆にいけばいくほど、家庭不和に陥っていきました。仕事の成功と引き換えに、家族と接する時間が減っていくのは当然の成り行きです。妻マリーとの間に2男をもうけますが、長男のヨハン・ヤコブセン[31]は当時を振り返り、「いつも父親不在のさみしい家庭だった」と語っています。しかし問題は、単なる時間的なすれ違いだけでなく、性格面にもあったようです。社交的で友人が多いマリーは、ボヘミアン・アーティストのような、伝統や習慣にとらわれない自由奔放な生活を求める芸術家や詩人などと交流し、文化革新サークルに所属し、派手な活動を好みました。それに引き換えヤコブセンは、中上流階級の静かな暮らしを求め、ふたりの生活は徐々に歯車が狂い始めます。結局、幸せな家庭生活は長く続かず、ヤコブセンはマリーと離婚しました。長男ヨハンは父に反発して極左運動に身を投じ、挙句の果てに船乗りになって故郷のデンマークを出ていきました。父の成功を恨んだこともあり、そのわだかまりが消えるまで20年もの歳月を費やしたそうです。離婚前に2人の息子と遊ぶ子煩悩な父親ぶりが8ミリビデオに残されていますが、「子供は好きではなく、造形に魂を売った男だ」と、再婚後の連れ子ペーター・ホルムブラッドが述べているように[32]、実は子供との接し方は上手ではなかったようです。

　家庭では冷たい父親でありながら、事務所におけるヤコブセンは、特に

事務所を設立してまもない頃は、理想的な上司だったようです。所員とはよく建築についてディスカッションを繰り返しました。まだ仕事が少なかったこともあって「私には哲学がない。私にできることはオフィスに座っていることだ」と語り[33]、朝から晩までずっとスケッチを描き続けることもしばしばでした。次第に仕事が増え、クライアントとの打ち合わせが続くようになると、さすがに机に座りっぱなしというわけにはいかず、所員との関係もビジネスライクなものに切り替わっていきました。

　他の建築家との付き合いにも積極的で、彼の知名度に惹かれて多くの外国人建築家が訪れてくるようになりました。ストックホルムのアスプルンドは学生を連れてたびたびオフィスに現れるようになり、1940年に彼が亡くなるまで交流が続いていました。パリのル・コルビュジエからドローイングをもらったことも自慢の種となっています。フィンランドのアルヴァ・アールト[34]もコペンハーゲンを訪ねた際に、ヤコブセンのオフィスの扉を叩いています。このようにヨーロッパ各国で活躍している建築家と親しく交流を図り、お互いに情報交換したことは、後に大いに役立ちます。

　第2次世界大戦勃発の翌年1940年、デンマークは隣国ドイツに占領されてしまいます。戦争の激化とともに、事務所の所員数も減っていき、ついに5人だけになったことがありました。若い所員の提案を拒絶し、自分の主張を押しつけていたヤコブセンのワンマンぶりは、所員の激しい反発を買うこともあったようです。「不平があればいつやめてもいい」と言い放ち、時には突然解雇することもありました。その頃の所員は当時を振り返り、「いつもハラハラしていた」と述べています[35]。戦時中は人々の心が荒れ、彼のオフィスもまるで戦場のようでした。ボスの靴や帽子、さらにはプロジェクトの模型や水彩画を盗む所員もいました。ひどい時には、ヤコブセンの自宅の台所からワインやいわしを失敬し、わざと彼をディナーに招待し、盗んだものでもてなすといった意地の悪い嫌がらせもあったようです。

4　スウェーデンへの亡命

　1943年はヤコブセンにとって転機の年になりました。ヨナ・ムラー[36]

と再婚し、ふたり揃ってスウェーデンに亡命します。デンマークがドイツ軍に占領されて以来、ユダヤ系のヤコブセン一家は、警察にマークされるようになり、日常生活に支障をきたしていました。なぜなら1930年初頭にソビエトへ渡り、コミュニストであったバウハウスの元校長ハンネス・マイヤー[37]にインタビューしたことがあり、それを機にソビエト友好協会のメンバーとなっていたからです。しかし彼自身がそれほど政治的な人間ではなかったこともあって、投獄はなんとか免れました。とはいえ、ユダヤ人であることは間違いなく迫害の対象となります。身の危険を察知したヤコブセンはナチスからの迫害を逃れるため、友人宅の地下へ身を潜めます。刻々と迫るナチスの追手から逃れるため、とうとう妻と中立国スウェーデンへ亡命することに決めました。ふたりは同じくユダヤ人であったポール・ヘニングセン夫妻と4人で手漕ぎボートに乗り込み、15キロほど先にあるスウェーデン[38]を目指します。ボートを漕いで逃亡を手助けしたエンジニアが述懐するには、2人の妻はボートが浸水しかけると、帽子を使って水を汲みだすなど、たくましく振る舞っていたのに対し、男性2人はといえば、船酔いがひどく、まったく役に立たなかったそうです。スウェーデンの沖合では逃亡者を追い返すため、警備艇のサーチライトが海面を照らしており、5人はじっと息を潜めて夜が明けるのを待ちました。心底凍える寒い晩、死ぬか生きるかの瀬戸際をかいくぐった彼らは、強運の持ち主だったといえるでしょう。

　ヤコブセンは亡命先のスウェーデンで、フィンランドの建築家アールトの友人から紹介を受け、住まいを決めます。長い付き合いが役立ったのはこの時です。かくしてスウェーデンに住み始めた彼は、当初HSCというストックホルム最大手の公共住宅供給会社に職を得ますが、わずか1カ月余りで辞め、妻ヨナとテキスタイル・デザインに没頭します。人のもとで使われるのが嫌だったのでしょうか、生来のドローイングの才能を活かし、自分自身で仕事をする方が向いていたに違いありません。彼のテキスタイル・デザインの才能は、このようにスウェーデン滞在中に開花し、1945年にはスウェーデン女王主催の彼のテキスタイル展が開催されるほどとなりました。亡命中ということもあって本職の建築にはあまり縁がなく、スウ

ェーデンで実現した唯一の建築は、ジャーナリストのエベ・ムンクのサマーハウスだけです。奇妙に思われるかもしれませんが、この間もデンマークの彼のオフィスでは仕事があり、彼は両国にまたがるデパートの連絡網を利用して、所員に指示を出していました。所長は不在でも、デンマークでは残された所員によって仕事が継続されていたのです。

5 戦後の目覚ましい活躍

　終戦とともに、ヤコブセンは祖国デンマークに戻ります。戦時中のオフィスは一部のスタッフに好き放題にされ、自宅も無断で使われていたので、彼は怒りを隠さず「私の顧客と酒を奪われた」として所員を大幅に入れ替えます。他の設計事務所よりも給与は低く「賃金を搾取するユダヤ人」とスタッフに罵られた時、「私は馬鹿ではないユダヤ人だ」とすかさず切り返したそうです[39]。亡命中に耐乏生活を経験した彼は、往年のブルジョワ的な豊かな暮らしから足を洗い、徹底して倹約を図る合理的で機能優先の人間に変身していました。所員には「ケチ」と呼ばれ、文房具やトイレットペーパーまでも持参させていました。この倹約志向が、シンプルで耐久性のある家具デザインを生みだす１つのきっかけとなりました。

　戦後不況が続くなか、1950年にクランペンボー地区に「スーホルム」という低層のテラスハウスが完成します。クランペンボーといえばヤコブセンが1930年代に白いモダニズム建築群を手掛け、デンマークのリビエラといわれた地区です。しかしヤコブセンは白い箱型の建築ではなく、デンマーク伝統の黄色の煉瓦を用い、片流れ屋根のテラスハウスを設計します。戦後の資材不足もありますが、若かった頃のヤコブセンとは異なり、デンマーク独自の伝統と文化を重んじるように変化していく様子がうかがえます。そして彼はストランヴァイェン[40]通りに面した１区画を自分の住居兼オフィスとします。植栽も自分自身でデザインし、手入れを楽しんでいたようです。

　1956年以降、ヤコブセンは母校の王立芸術アカデミーの教授に就任します。しかし、教員としては、学生の作品の善し悪しはわかっても、それが

SASロイヤルホテルの客室でエッグチェアに腰かけている坂倉準三(右)と歓談するヤコブセン(左)。窓の外に見えるのはコペンハーゲン市庁舎。日本の建築家、坂倉準三(1901 ― 1969)は、パリのル・コルビュジエのアトリエで勤務(1931 ― 1939)した経験があり、ヨーロッパのモダニズムの動向に敏感であった(1961年頃)

なぜなのかをうまく言葉で表現することが不得手だったようです。ヤコブセンの不器用さというか、直観で物事を判断する人物像がうかがえます。しかし、オフィスでの態度は一変して、戦前のワンマンさはなくなり、スタッフとの「対話」を心がけていました。「別な視点から見直すこと、冷静かつ客観的に自分と向きあうこと」とスタッフに説き、時には清掃婦や郵便配達員に意見を求めることもあったようです。何よりもスタッフからの提案を受け入れる柔軟性を持つようになったのは大きな変化です。鉛筆を持たずに事務所を歩きまわり、スタッフの鉛筆を借りては図面の上からなぞるように手を加えていきました。元所員は、晩年の設計作業は所員とヤコブセンの協働作業だったと述べています。1966年にヤコブセンの事務所に入所した初の女性所員エレン・ワーデ[41]によると、コンペ前で夜遅くまで残業している彼女を見て、「家族は心配していないか」など気配りをすることもあったようです。その頃のヤコブセンは若い所員にもどんどん責任のある仕事を任せていました。リラックスしたい時には好んでココアを飲むほど甘いもの好きなヤコブセンの誕生日には、手作りのバースデーケーキを囲んでお祝いするなど、事務所の雰囲気は戦前とは打って変わり、和やかなムードに包まれていたようです。しかし基本的には緊張感のある職場で、毎日激務が続いていました。

　1960年、デンマーク初の高層建築となる「SASロイヤルホテル」が完成

60歳の誕生日を王立芸術アカデミーの学生たちに祝福されるヤコブセン(左端)

します。緑がかったグレーのガラスファサードは、デンマークのどんよりした空模様をイメージしたものといわれます。デンマーク人画家のヴィルヘルム・ハマスホイ[42]が同様の色使いで空を描いているのを見ると、デンマークの空の色が明るいスカイブルーではなく、グレーがかった沈んだ色であることが理解できるでしょう。

　この高層建築は完成直後、パンチカードのようだと揶揄され、伝統的な建物が建ち並ぶコペンハーゲン中央駅付近の建築としてふさわしくないと新聞などの各メディアから非難を受けました。ヤコブセンが仕掛ける新しい試みは常に時代の最先端をいくため、保守的なデンマーク人には受け入れがたいものがあったようです。ところがわずか数年で風向きが変わり、批評家たちはデンマークを代表する素晴らしい建築であると、声を揃えて誉め称えるようになりました。常に批判の声を賛辞に変えていくのがヤコブセンの建築です。

　この頃にはヤコブセンの評判はデンマーク国外でも不動のものとなり、イギリス・オックスフォード大学の新しいキャンパス計画を依頼されることになります。「適任の建築家を探すためにアメリカに渡るなど2年も要しましたが、最終的にヤコブセン以外に考えられませんでした」とアラン・ブロック卿は語っています[43]。「タイムズ」紙が批判した時も、イギリス建築協会はヤコブセンを強く支持し、「世界屈指の建築家であり、イギリスに

は並ぶ者がいない」と絶賛しています。オックスフォード大学では彼の功績を称え、名誉博士号を授与しました。

　ヤコブセンは生涯にわたり、文章らしい文章をほとんど残していません。作品を批判されると、それに対して何か弁明することはあっても、それ以上のことは語りませんでした。著書を発表することもありませんでした。インタビューでの受け答えや講演会での言説だけが、彼の建築に対する見解を示す唯一の記録といってよいでしょう。以下に紹介するのは、1971年2月25日付の新聞「politiken」に掲載されたインタビュー記事です。「何が建築の美なのか？」というタイトルで、プロポーションについて語っています。これは死の直前のインタビューとなります。

　「最も重要なのはプロポーションがきちんとしているかということです。いにしえのギリシャ神殿に古典の美が成立するのは、まさにこのプロポーションが存在するからです。柱の間を欠きとって吹き放ちとなした巨大なブロックといってもよいでしょう。バロック、ルネサンス、さらには今日の建築を眼にして誰しもが素晴らしいと考える作品は、やはりプロポーションが良いのです。何といってもこの点が一番ですね。その次に重要なのは素材です。といっても間違った素材同士を混ぜ合わせてはいけません。それに続くのはもちろん色彩ですが、全体の印象と一体となっての話です。」[44]

　モダニストとして名声を確立したヤコブセンが、実は生涯にわたって古典様式を賛辞していたのは意外に思えるかもしれません。むろん進取の精神は衰えず、新しい時代の素材や工法などを組み合わせ、常に実験を続けていました。そして遊び心を忘れずに、チャレンジ精神を持ち続けていました。

　しかし彼の死は突然訪れます。1971年3月24日の夕方のことです。いつものように仕事を終え、自宅のソファに横たわりくつろいでいたところ、急な心臓発作を起こし、そのまま帰らぬ人となりました。彼の晩年の代表作となる「デンマーク国立銀行」の第1期工事が順調に進み始めた年のことです。享年69歳でした。

Chapter 2
ヤコブセンの仕事

Jacobsen's Works

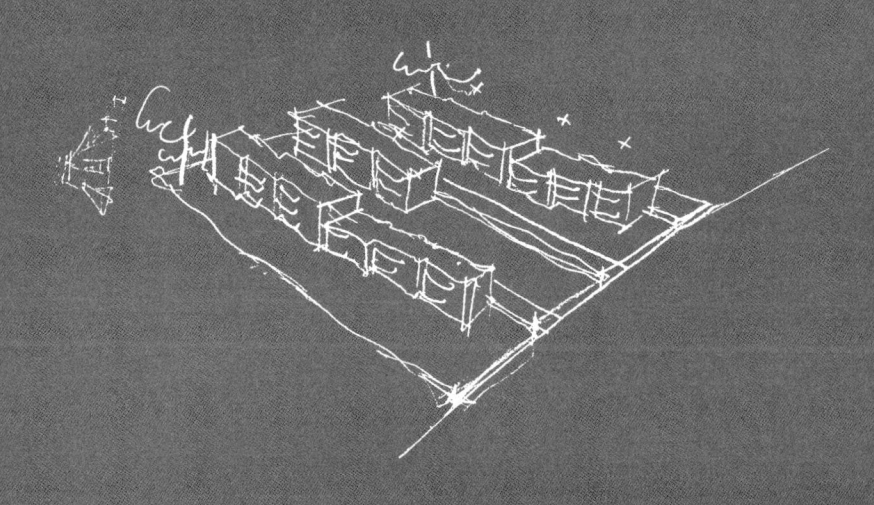

1
斬新なアイディアに満ちた住宅

　近代化以前のデンマークの伝統的な住宅といえば、平屋の煉瓦造で、シンメトリーの平面プランを持つ住宅でした。古典主義をモデルとしたものです。ヤコブセンが幼少の頃暮らしていた家は、母親の趣味でレース編みや刺繍の施されたファブリックに囲まれたインテリアで、一般的な中流家庭の住宅でした。後にヤコブセンの長男ヨハンは「悪趣味な家からよく建築家が育ったものだ」と皮肉を言っています[1]。ヤコブセンは自分の部屋の壁を白いペンキで塗ってしまうくらいですから、建築家を目指す以前より装飾を拒み、シンプルで簡素な空間を好んでいました。彼が建築家になり、手掛けた住宅の変遷を見ると、建築に対する思想の変化が理解できます。円形などの幾何学形態を用いているのも大きな特徴の一つです。ここでは彼の住宅作品の中でも際立って目を引く斬新なデザインの住宅を紹介します。

未来の家……ヤコブセンの原点
House of the Future, 1929

　ヤコブセンは27歳の時、独立して個人事務所を開設します。彼がデンマーク建築界に華々しくデビューを果たすのも同年です。そのきっかけは「今日のテクノロジーを駆使した理想の住宅」というコンペでの優勝でした。幼馴染みのフレミング・ラッセンと共同で「未来の家」を提案します。これは仮設ですが、実際に展示会場で建設されています。住宅の特徴は円盤のようなユニークな形で、水辺に面して建ち、屋上にはオートジャイロ[2]の駐機場、地階には車のガレージ、地下にはボートハウスが備えつけられていました。当時としては夢のような憧れの生活の実現といったインパク

トがありました。

　1923 年にル・コルビュジエが提唱した有名なフレーズに「住宅は住むための機械である」という一節があります。これは『建築をめざして』[3]という著書に書かれたものですが、コルビュジエに傾倒していたヤコブセンは、当然ながらそのフレーズを意識していたものと思われます。ここではむしろ、それを逆転させた発想で「未来の住宅」を定義しています。つまり彼の提案した家は、「機械のための住宅」なのです。「機械」はすなわち自動車、モーターボート、さらに当時実用化が始まったオートジャイロを指します。イタリアの未来派[4]に憧れを抱き、機械への無限の可能性を追い求めていたヤコブセンにとって、機械に囲まれた生活はイコール未来を象徴しているのでしょう。第 1 次世界大戦後のヨーロッパはアバンギャルドのムーブメントに乗って、ロシア構成主義[5]、ドイツのバウハウス運動、アメリカではストリームライン[6]などがもてはやされていました。しかし次第に人々はそれらのデザインに限界を感じるようになります。

　さて、「未来の家」の図面を見てみましょう。まず円形といっても中心のスペースを除き、完全な円で閉じられているわけではありません。中心の異なる円弧につながり、非対称の型が空間全体に流動性を与えています。車のガレージも同じく動きのある空間となっています。突出したモーターボートのためのボートハウスは、円弧ではなく、円径で構成され、広がりのある空間はスピード感を示しているといってもよいでしょう。次にその内部空間の構成ですが、中央のスペースにはグランドピアノが置かれており、展示会ではダンスに興じるためのスペースと説明書きされていました。通常、住宅の中心部には日常生活に必要な機能を持つスペースが配置されますが、この円形住宅では非日常的な空間が形成されています。そのダンスホールを中心に、太陽の動きに合わせて、東はベッドルームとスポーツルーム、南はテラスとオフィス（書斎）、西はダイニングとキッチン、北は車のガレージとエントランスと浴室が配置されています。ガレージのドアは車が近づくと自動で開き、玄関のドアマットは靴のほこりや汚れを吸い取るバキューム機能が取り付けられています。機械に未来を託していたヤコブセンですが、実のところ車の運転はさほどしなかったようです。車に

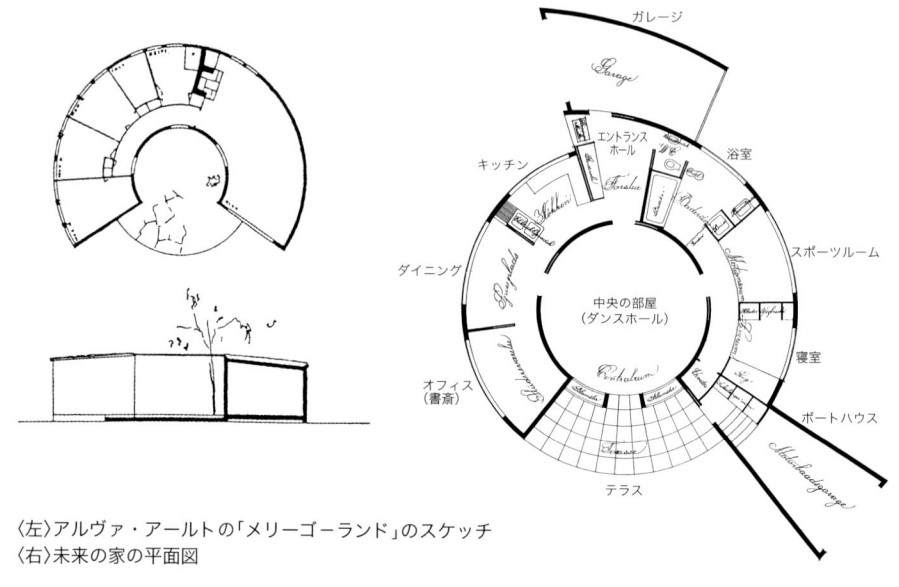

〈左〉アルヴァ・アールトの「メリーゴーランド」のスケッチ
〈右〉未来の家の平面図

乗ると周囲の景色に気がとられ、運転どころでなくなるからです。
　またこの住宅では、驚くべきことに、屋根にあるアンテナで電力を集め、ワイヤレスで送電できるシステムを想定しています。現代の姿をある程度予見していたヤコブセンは、預言者あるいは先見の明を持った発明者といえるでしょう。床には電気による暖房システムが取り入れられ、オフィスのデスクにはタイプライターがビルトインされています。エアチューブのシステムによって地元の郵便局とつながっており、手紙が自動的に送受信できるようなしくみも提案しています。浴室の洗面所にはタオルの代わりに暖かい空気を発するドライヤーが付けられています。今でいうエアタオルです。今日の日本では当たり前になっていますが、現在のデンマークや他のヨーロッパ諸国ではあまり見かけることはありません。この時すでにこのシステムを考えついているとは本当に驚愕です。ヤコブセンとラッセンは、このように未来型の住宅設備を楽しんで考え、いつしか実現する未来を思い浮かべていたことでしょう。実際にオートジャイロの模型をつくるほど徹底して未来のライフスタイルを提案し、遊び心を入れています。晩年も「建築に遊び心がなくなると進歩しなくなる」と語っており[7]、生涯を通じてユニークな提案をし続けました。
　このコンペは1930年のストックホルム博覧会の1年前の出来事です。ストックホルム博覧会ではグンナー・アスプルンドが主任建築家を務め、ガ

パース図

未来の家

ラスと鉄でできた円形のフランスのパヴィリオンを発表し、「北欧モダニズムの誕生」と謳われました。ヤコブセンが円形にこだわったのも、当時は新しい時代の建築形態として円形を好む風潮があったからだと思われます[8]。

　実はフィンランドの建築家アルヴァ・アールトも1928年に『アイッタ』誌主催の規格別荘のコンペで、「メリーゴーランド」という名の住宅を提案し、1等を獲得しています。それは円形の一部を削ぎ落とした弓形の形態をしており、おそらくヤコブセンはそこからインスパイアされたのではないでしょうか[9]。

　他にもヤコブセンが影響を受けた建築として、コンスタンチン・メリニコフの「モスクワの住宅」(1929)、バックミンスター・フラー[10]の「ダイマキシオン・ハウス」(1927)などが挙げられます。「ダイマキシオン・ハウス」は六角形ですが、飛行機を製造するテクノロジーを用い、金属やプラスチックなど新素材を選定した近未来型住宅で、大量生産を想定しています。

　さらにつけ加えるべきことは、この住宅で色や家具などをトータルデザインしている点です。この年にミース・ファン・デル・ローエ[11]は「バルセロナ・パヴィリオン」[12]を設計し、「バルセロナチェア」[13]を発表しました。ル・コルビュジエは同年に行われたパリのサロン・ドートンヌ[14]で、シャルロット・ペリアン[15]らと共同でデザインした「シェーズ・ロング(LC4)」[16]を発表しています。ヤコブセンもまたこの住宅のために家具をデザインしました。クロムのスチールチューブのフレームにガラスの天板を載せたテーブルです。そしてこれに合わせてミースの「MRチェア」[17](1927)を採用しています。敬愛するミースの「MRチェア」に合わせてテーブルをデザインしたのか、それともデザインしたテーブルに合わせて「MRチェア」を選んだのか不明ですが、いずれにせよ未来を意識して軽さを求めた結果、ガラステーブルがデザインされました。

自邸……西欧モダニズムへの初の試み
Arne Jacobsen's own house, 1929

　ヤコブセンが手掛けた個人住宅は実のところ、優に百を超えるといわれています。特に初期の頃は、オードロプ[18]地区に多くの個人邸宅を設計し

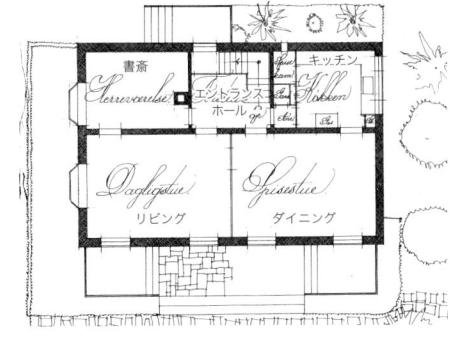

ワンデル邸。南立面図(左)、1階平面図(右)

ています。彼はプロモーションに関しては天賦の才能があり、クライアントに雄弁に語っては、着実に仕事へと結びつけていったようです。

　初めて手掛けた住宅は「ワンデル邸」(1927)でした。デンマークのヴァナキュラー[19]な伝統にのっとった、いわゆるナショナル・ロマンティシズム[20]の住宅です。ナショナル・ロマンティシズムの住宅の特徴は、外観は黄色の煉瓦を用い、横長の形状で煙突があり、屋根は赤い瓦にするのがポピュラーで、イギリスの田舎風コテージをイメージしたものです。その多くはシンメトリーになっています。2、3段の外階段を上がったところにエントランスがあるのも特徴の1つです[21]。

　ところが1929年に建てた自邸は、それを覆すものでした。西ヨーロッパで流行しつつあった白い箱型のモダニズム建築が北欧の小国デンマークにも登場したとして、注目の的となりました。ヤコブセンの自邸は、彼が初めて機能主義を形にし、実現したものです。装飾を一切排除したシンプルなデザインで、モダニズムの旗手として不動の地位を獲得します。当時珍しいフラットルーフにし、屋上を設けています。平面プランを見ると、L字型で、1階はキッチンとリビング、ダイニング、暖炉のある書斎、2階はバスルーム、メイド室、主寝室、子供部屋で構成されています。主寝室と子供部屋からは屋上のルーフテラスへ直接行き来ができるようになっています。彼が初めて試みたシンメトリーでない建築です。

　一見するとこの住宅はコンクリート造に見えますが、実は煉瓦造でできています。当時のデンマークでは、法律上コンクリート造の住宅を建設することは認められていませんでした。そこでヨーロッパの機能主義的形態を具現化するため、煉瓦造の壁面を白い漆喰で覆い、コンクリート造のよ

〈上〉庭から眺めた外観
〈下〉増築したオフィス棟

自邸

〈上〉ルーフテラスへの階段
〈中〉リビング
〈下〉ヤコブセンが住んでいた当時のリビング

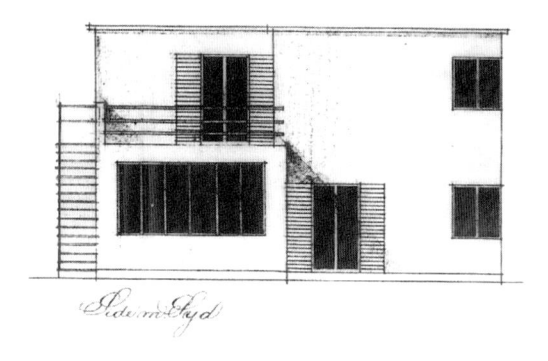

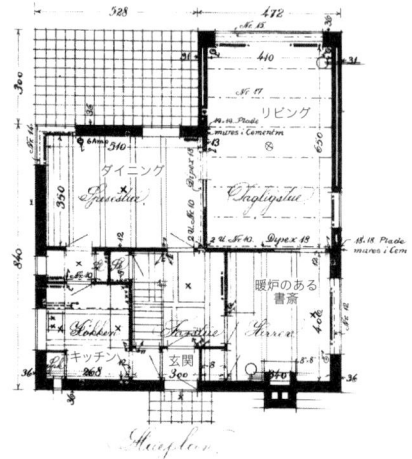

自邸。南立面図(左)と1階平面図(右)

うに見立てているのです。そしてファサードにコーナー・ウィンドウを設けるなど、従来のデンマークにはない西欧のモダニズムのヴォキャブラリーを随所に取り入れています。

　翌1930年、ヤコブセンは住宅に隣接してオフィス棟と温室(ウィンターガーデン)を増築します。この時は国の法律で鉄筋コンクリート造が許可されており、ようやくコンクリートのホワイトキューブが実現しました。ヤコブセンはオフィスのデスクからウィンターガーデンを眺めるのが好きだったそうです。住宅内部にも植物を愛でるためのプランターが設けられており、自然を愛するヤコブセンの姿が浮かび上がってきます。

　現在ヤコブセンの自邸は、Realea[22]という財団が所有しています。この財団は優れた近代住宅や建築家の自邸などを買い取り、維持管理する活動を行っています。注目すべきは、資料館や博物館のように一般公開するのではなく、一般の人に貸し出し、住宅としての従来の機能を保持しながら、国の文化財として維持管理を行っている点です。そこでは普通に日常生活が営まれています。Realeaは、住みながら、使いながら、優れた近代建築の価値を理解してもらうこと、保存・継承していくことを活動の趣旨としています。ちなみにこの住宅には現在、建築家の一家が暮らし、オフィスも建築事務所として使用されています。

　自邸の目の前にある赤い壁面の住宅も、ヤコブセン設計の「モンラド・オース邸」[23](1930)です。赤と白のコントラストや建築形態の違いを比較

すると面白いでしょう。

ヤコブセンのサマーハウス……ランドスケープとの融合
Arne Jacobsen's own summer house, 1938

　ヤコブセンが手掛けた自身の「サマーハウス」は、シェラン島北部の美しい白い砂浜が広がるリゾート地にあります。ヤコブセンは北欧モダニズム建築こそランドスケープと一体化したデザインが可能だという信念を持っていました。このサマーハウスの外観はなだらかな砂丘にマッチした緩やかなカーブを描き、自然に溶け込んでいくかのようです。

　この住宅は2つの建物からなり、1つは緩やかにカーブを描く2層の建物（リビング棟）、もう1つはガレージを含む低層の建物（メイン棟）です。家族が集う2階のリビングルームに、最も美しい海の景色が広がる開口部が設けられています。窓から望む景観はきちんと計算され、違う角度でビーチが望めるよう各所に開口部がデザインされています。海に面した大きな窓の横に2本の煙突があります。煙突の下部を見ると、おそらくバーベキューをするためにつくられた炉があることに気づきます。短い夏の間、できるだけ外に出てアクティビティを楽しもうとするデンマーク人ならではの発想といえるでしょう。

　また、緩やかに弧を描く外観デザインは、海風を受けとめる役目も果たしています。その反対側は海風の影響が少ないため、木製の柱で支えたポルティコ[24]を設け、洗濯物を干したり、休憩したり、多目的に使うスペースとしています。平面プランを見ると、人が集うメインスペースは2層吹き抜けの上下階に分け、1階はダイニングルーム、2階はリビングルームとし、開放感のある空間を形成しています。これは戦後に設計される「スーホルム」と同様のプランです。ヤコブセンはこの「サマーハウス」で、より人間味のある自然と融合した北欧モダニズムを結実させました。

シモニー邸……困難な条件をクリアしたミニマリズム
Simonÿ house, 1954

　ヤコブセンはデンマーク最大手の製薬会社ノヴォ・ノルディスク（以下、

モンラド・オース邸

スヴェンド・
ライナート邸

シモニー邸

〈上〉ランドスケープと一体化した外観
〈下〉カーブを描く建物

ヤコブセンのサマーハウス

ノヴォ社）に関連する仕事を数多く行っています。なぜならノヴォ社の創業者とヤコブセンは古くからの知りあいだったからです。ヤコブセンが建築家として名前が売れ始める時期と、ノヴォ社に関わる仕事が増え始める時期は自然と重なるようになりました。創業者のトーヴァル＆ハーラル・ペーダーセン兄弟の住宅も彼が手掛けています。

　さて「シモニー邸」のクライアント、ヘニング・シモニーは、当時ノヴォ社でヤコブセンが手掛ける建築を担当する部長でした。普通のサラリーマンなので、創業者ふたりとは異なり、家を建てるにも十分な資金がありません。しかも彼の敷地は急斜面にあり、住宅を設計するには非常に困難な場所でした。予算が限られており、盛土を行って整地することもできません。そこでヤコブセンの腕の見せどころとなったわけです。傾斜に合わせて大屋根を架けるデザインとしました。内部も必要な機能がぎゅっと凝縮されたプランになっています。ユニークで大胆な形態の「シモニー邸」は、伝統的な黄色の煉瓦を用いたものが多いヤコブセンの住宅作品の中でも特徴あるデザインとして各誌で紹介されています。

コックフェルト氏のサマーハウス………ポップな色彩
Summer house for Kokfelt, 1956

　ヤコブセンが手掛けた「コックフェルト氏のサマーハウス」は、コペンハーゲンから列車で2時間ほどの北東に位置するティスヴィレ[25]というリゾート地にあります。ヤコブセンはこれ以前に、クライアントのコックフェルト氏の住宅をコペンハーゲン近郊のヘレロプ[26]に設計しており、これは彼のセカンドハウスにあたります。小高い丘に立ち、リビングの窓から海を望むことができる簡素な木造住宅です。

　現在の所有者はコペンハーゲン市の職員で、2001年にコックフェルト氏の遺族が売りに出していた新聞広告をたまたま見つけ、手に入れたそうです。購入後すぐに水回りなどの改修工事の申請を自治体に申し出ましたが、2003年にこの住宅が国の文化財に指定されると、大がかりな復元プロジェクトが立ち上がり、改修工事は手つかずとなりました。文化遺産庁によって選ばれた専門家チームによって、元の状態に戻す復元計画が始動し、

2008年夏、工事の許認可が下り、2009年春、ようやく工事が完了しました。復元工事に関わる費用は文化遺産庁が助成しています。現在の所有者は買い取ってからの数年間、一切手を加えることができず不自由な暮らしを余儀なくされましたが、復元が終わった今、とても満足しているそうです。

　このサマーハウスの一番の特徴はパステルカラーの色彩です。建設当初の白黒の竣工写真からは当時の鮮明な色合いを特定することは不可能でしたが、美術館勤務の修復の専門家によって化学的な方法で色素分析が行われ、当時の色を忠実に再現することができました。正面ガレージの外壁扉はいったんペンキを除去し、その後当時と同じ青色が着色されました。住宅内部を貫通する煙突柱と外部階段の蹴上も当時と同じオレンジ色がよみがえりました。

　2005年に文化遺産庁が全国レベルで実施した調査では、82％の住民が文化遺産的価値を持つ住宅に住むことを好み、46％は文化遺産であることを住宅購入の際の条件とする、という結果が出ています。

レオ・ヘンリクセン邸……円形へのこだわり
Leo Henriksen house, 1956

　強風の吹き荒れる断崖絶壁にそびえたつ巨大な白いモニュメント。その脇の茂みにはひっそりと円盤が潜んでいます。いかにもSF小説に出てきそうなシチュエーションです。白いモニュメントは後述する「魚のスモークハウス」（缶詰工場）で、円盤はスモークハウスの社長、レオ・ヘンリクセンの住宅です。1956年に建てられ、ヤコブセンが長年夢を見続けていたあの「未来の家」（1929）の再現となりました。クライアントはヤコブセンと旧知の仲で、ヤコブセンの長年の夢を実現させることを快く承諾しました。スモークハウスの会社経営の相談をしていたくらいですから、強い信頼関係が築き上げられていたことがわかります。かつ建築家ヤコブセンのよき理解者の1人でした。ヤコブセンはこのように比較的富裕層で、かつビジネス展開を図っている友人を数多く持っていました。そのためさまざまなプロジェクトを依頼されるチャンスに恵まれたのです。クライアントである彼らも、建築家として注目されていたヤコブセンにオフィスや自宅

〈上〉　庭から見た外観
〈中左〉修繕前の正面ガレージ
〈中右〉修繕後の正面ガレージ
〈下〉　リビング

コックフェルト氏のサマーハウス

レオ・ヘンリクセン邸

〈上左〉円形住宅(手前)と隣りあって
　　　 建つ魚のスモークハウス(奥)
〈上右〉庭から眺めるテラス
〈下〉　円盤のような上からの眺め

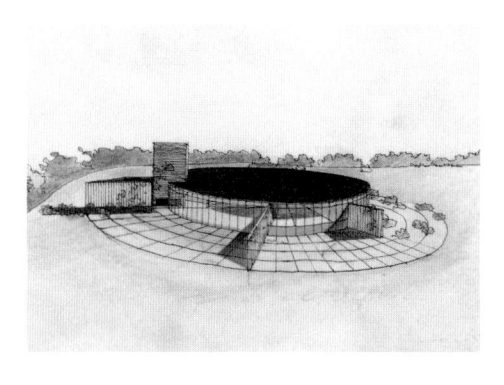

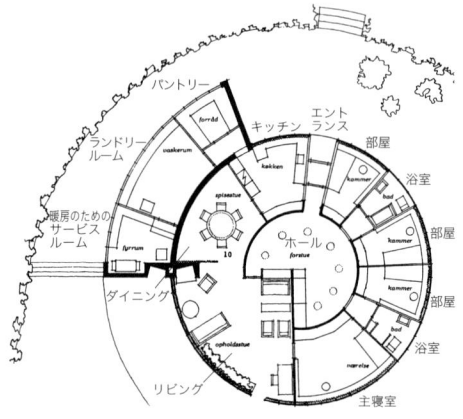

レオ・ヘンリクセン邸。パース図(左)と平面図(右)

の設計を依頼するのを誇りに思っていたようです。クライアントはヤコブセンが次々と提案する奇想天外なアイディアに目を丸くしつつも、そのずば抜けた天賦の才能と、押しの強さに結局のところ身を委ねることになります。ヘンリクセンもその1人です。

　この円形住宅のプランを見ると、中央の円を囲むように外周の円が巡らされています。1929年の「未来の家」とは異なり、2つの円は閉じた関係になっています。そして中央はダンスのためのスペースではなく、ホールとして多目的な用途で使われるスペースになっています。

　クライアントの要求は、庭は広く、できるだけ内に向けたプライベートな空間とすること、海外で買い揃えた各国の土産物を飾るための棚を設けること、の2点でした。聞くところによると、ヤコブセンは「未来の家」と同様、自家用ボートを海岸までつなぐ地下道をつくりたいと持ちかけたそうですが、クライアントはさすがにその提案は断ったようです。

　円形を構成するファサードパネルは、すべて工場で生産されたプレファブリケーションの素材が用いられています。「未来型住宅」のコンセプトには、規格化された素材とモジュールが必須です。ヤコブセンはその後もプレファブの開発を進め、1960年代に本格的にモジュール住宅の実験に取り組んでいます（第3章で詳述）。

2
海辺に映える白の建築群

　コペンハーゲン郊外の高級リゾート地として知られるクランペンボーエリアに、ヤコブセンは夏のシアター、レストラン、集合住宅、ビーチ施設を手掛けます。それら白い建築群は、眼下にある真っ青な海、緑の芝生、澄み切った青空のなか、清らかにその姿を現します。

ベラヴィスタ集合住宅……海浜にそびえたつ白亜の殿堂
Bellavista housing complex, 1934

　ヤコブセンの初期の代表作となる「ベラヴィスタ集合住宅」は、幼馴染みのフレミング・ラッセンとの共同設計です。ふたりはコンペを勝ち取り、ベルビュー・ビーチ沿いのリゾート開発に取り組みます。1万2000～1万5000人が暮らす集合住宅地の設計とその周辺開発がコンペの課題でした。実はヤコブセン、王立芸術アカデミーの卒業制作でこの地に国立ミュージアムを提案し、ゴールド・メダルを獲得しています。また幼少の頃より家族としばしばこのビーチを訪ね、このエリアに親しみがあったこともコンペ優勝の一助となりました。

　フラットルーフの白いモダニズム集合住宅が実現したのは、ヤコブセンの提案もさることながら、実は地元行政からの要望があったことも理由の1つです。ヤコブセンは自邸を設計して以降、「デンマークのル・コルビュジエ」と評されていました。しかしどちらかというと、郊外の集合住宅のデザインを大きな課題として扱ってきたドイツのバウハウスに多くを負っています。実際この「ベラヴィスタ集合住宅」では、ヴァルター・グロピウス[27]やエルンスト・マイ[28]の集合住宅との共通性を見出すことができます。ヤコブセンがさらに恵まれていたのは、海辺という絶好のロケーシ

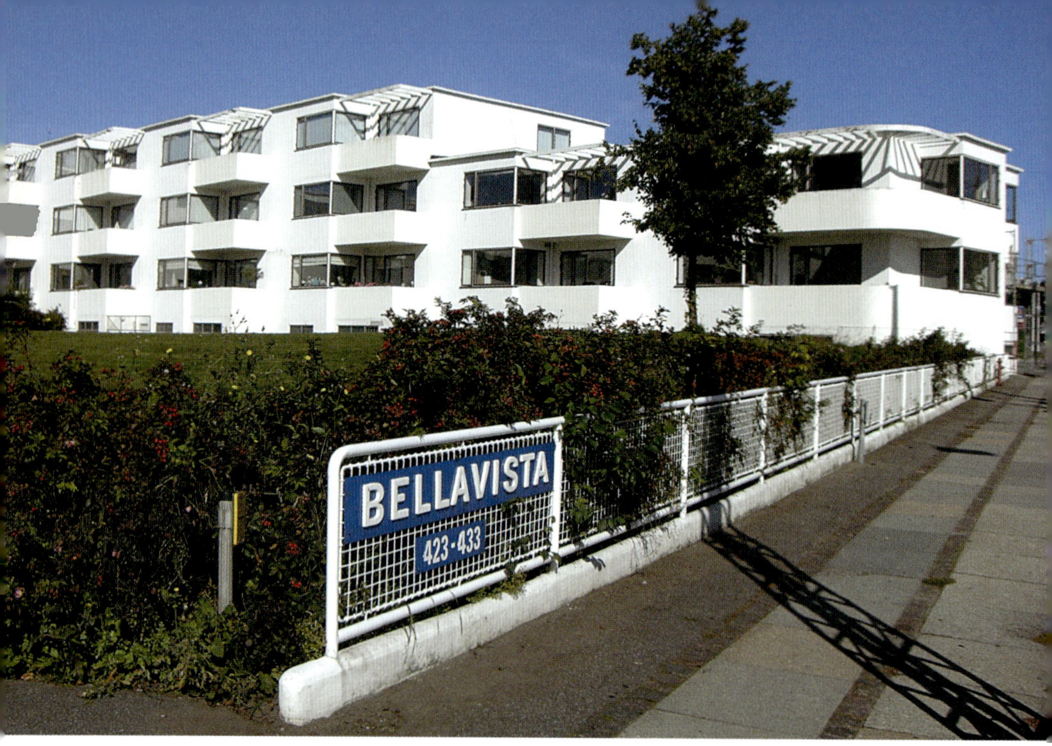
BELLAVISTA
423-433

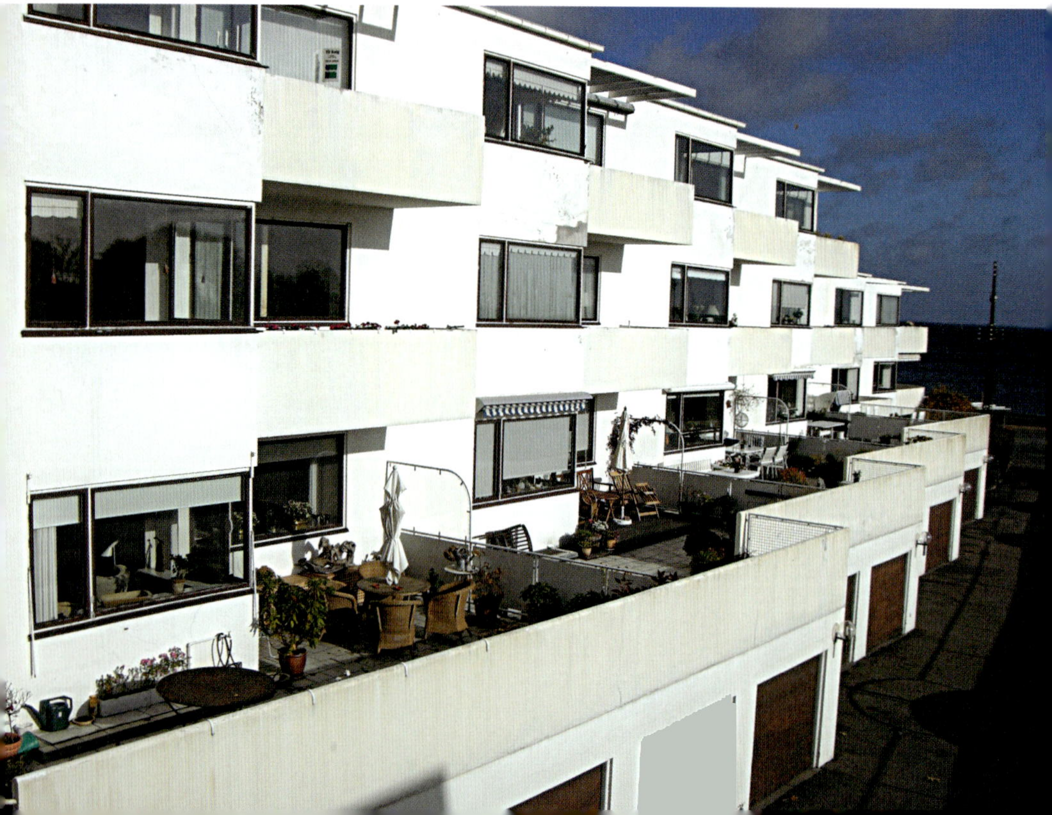

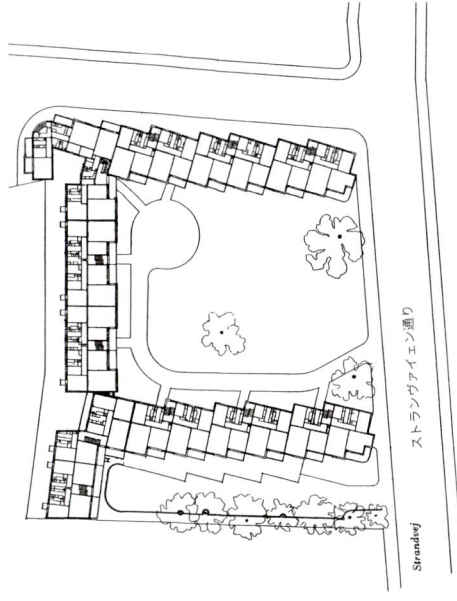

〈上左〉キッチン
〈上右〉配置図
〈下左〉美しい階段
〈下右〉リビングからの眺め

前頁
〈上〉　ストランヴァイェン通りから見た外観
〈下〉　雁行するベランダ

ベラヴィスタ集合住宅

ョンを与えられたことで、より優雅で自然の風景とマッチしたモダニズム建築の傑作を生みだしたことでしょう。今見てもなお美しい佇まいを呈しています。住棟の配置は駐車場の周りをコの字型で囲み、それぞれの住戸から海が望めるよう雁行型としています。逆にビーチからこの集合住宅を眺めると、突出したベランダはまるで劇場のボックス席のようです。

　次に内部の設備について見てみましょう。全戸にバスルームが付いています。今でもデンマークではシャワーだけの住宅が多いなか、バスタブ付きというのはかなり時代の先端をいった高級住宅といえます。おそらくビーチに近いこともその理由の1つでしょう。また台所には電気オーブン、冷蔵庫、ステンレススチールの流し台、ダストシュート、ラジオのアンテナが備わっていました。このように充実した最新設備を持つ集合住宅は完成前から話題を呼び、富裕層からの入居申込みが殺到したそうです。

ベルビュー・シアター＆レストラン　Bellevue Theater & Restaurant, 1937
……波をイメージした夏のレジャー施設

　夏になるとコペンハーゲンや近郊エリアから数多くの訪問客が集まるこのビーチに、夏だけの期間限定の劇場がオープンしました。それが「ベルビュー・シアター」です。驚くべきことに、天候によって屋根の開閉が可能なオープンシアターです。ヤコブセンは1929年に「未来の家」で華々しく建築界にデビューを果たしますが、その時掲げていた機械仕掛けのコンセプトを実用的に用いました。それについては第3章でとりあげます。

　内部インテリアの特徴は、波打つ観客席のデザインと竹で構成した天井です。劇場の内部を木で仕上げるのは、優れた音響効果を得るために昔から一般的に用いられてきましたが、モダニズムの建築家はそれをシンプルなデザインとして完成させました。ヤコブセンが敬愛するグンナー・アスプルンドやアルヴァ・アールトを見れば、それがわかります。特にうねるような波打つフォルムは、アールトの「ヴィープリの図書館」[29] (1935)の天井を参照したのではないかと思われます。ですが、ヤコブセンはそれを木ではなく竹を用いて表現しました。竹はアールトが好んで用いていたプライウッド（合板）より安価なのです。しかし北欧には竹は生息していな

いため、海外から安価で輸入されていたものを使用することにしました。

このようにヤコブセンは他者のデザインからヒントを得、それを自分なりに咀嚼し、より改良を重ねた形で実現しています。デザインを模倣ではなく「リデザイン」する方法は、ヤコブセンならではの巧妙な手法といえるでしょう。詳しくは第3章で紹介します。

このシアターは何度も改修を繰り返しています。当初はベルビュー・ビーチを望むエリアの白いモダニズム建築群の中心的存在として期待されていました。しかしオープン後、経営状態が悪化し、夏のシアターは通常も稼働する映画館とフィルムスタジオに用途変更されます。屋根の開閉は必要なくなりました。しかし1979年に経営者が変わると、再びシアターとしてオープンすることになります。その際、2階バルコニーを2つの小さなシネマスタジオにしています。ところが文化財として指定されると、1988年と1996年にオリジナルに復元するプロジェクトが立ち上がり、2002年にその工事が完了しました。

一番大きな変更点は、2階バルコニーをスロープ型に変え、ステージを見やすくした点です。椅子はすべてキャビネットメーカーに依頼し、修復を行いました。そのうち320脚は取り除かれ紛失していたので、新しくつくりなおしています。椅子が制作された1930年代の時点ですでに成型合板で曲面椅子をつくっており、その技術が後の「アントチェア」につながっていきます。あまりに画期的なものだったため、用途変更の際、売り払われたのでしょう。またブルーと白のストライプのキャンバス地の壁面も、防火用のものに張り替えられました。現在は夏だけでなく、通年稼働するシアターとして営業しています。

シアターの隣にはレストランがつくられました。現在はその名も「Jacobsen」という名で営業していますが、実は第2次世界大戦中にデンマークがドイツ軍に占領されると、閉鎖に追い込まれています。その後1952年に一部を残し、集合住宅に改築されています。しかし文化財保護のため、復元計画が立ち上がり、1999年にオリジナルの状態に戻され、営業を再開しています。

内部のインテリアはやはり波をイメージしたもので、バーカウンターは

〈上〉 ストランヴァイェン通りから見た外観
〈下左〉内部の客席
〈下右〉有機的フォルムのエントランス

ベルビュー・シアター

ベルビュー・レストラン

〈上左〉内部
〈上右〉食器もすべてヤコブセン・デザイン
〈下〉 中2階からの眺め

〈左〉ベルビュー・レストランのバーカウンターと蝶の形の背面を持つ椅子
〈右〉ベルビュー・ビーチのチケット、アイスクリームカップ

緩やかなカーブを描くデザインになっています。レストランで使用されている家具、食器類、テキスタイルなどはすべてヤコブセン・デザインで統一されています。今はなくなってしまいましたが、バーカウンターに置かれた蝶の形の背面を持つ椅子、ダイニングに置かれた中国明朝風の椅子など、ヤコブセンはさまざまな形の椅子をデザインしました。また、当時は内部の壁面に細い竹を使い植物を這わせるなど、緑あふれるレストランを演出していました。

ベルビュー・ビーチの施設……ストライプで統一
Bellevue Coastal Baths, 1932

「ベラヴィスタ集合住宅」の眼下にある、ベルビュー・ビーチは「美しい海辺」を意味します。夏になるとコペンハーゲンを含む近郊地域から数多くの訪問客がやってきます。ヤコブセンは1930年にコンペを勝ち取り、ビーチに付帯するさまざまな施設を提案しました。売店、アイスクリーム・スタンド、ドリンクコーナー、更衣室、トイレのほか、チケットやグッズのパッケージもデザインしています。その中でもひと際目を引くのは、海辺に立つ監視塔です。水色と白色の横ストライプは、ビーチ施設共通のデザインになっています。ビーチバレーのポールにも水色と白色のストライプが取り入れられています。

ヤコブセンはまた、高層タワーの設計も考えていました。最上部には海

を眺めながら食事ができる360度回転するレストランが想定されていました。しかし景観にそぐわないと批判され、幻の計画となります[30]。

マットソン乗馬クラブ……かまぼこ型のスポーツ施設
Mattsson Riding School Hall, 1934

　クランペンボー駅を降りると、ビーチと反対側には大きな森が広がっており、鹿の公園と「バッケン」と呼ばれる遊園地があります。公園内には馬車が走っており、この地区ではたくさんの馬を見かけます。「マットソン乗馬クラブ」は「ベルヴュー・シアター」の裏手にあります。

　「マットソン乗馬クラブ」の大きな特徴は、ユニークなかまぼこ型の形態です。9つのアーチからなるコンクリート造の建物で、ヤコブセンは同様のデザインをこのほか、「ユンカース・バドミントンホール」(1934)、「HIKテニスホール」(1936) などでも展開しています。竣工時のガラスブロックをはめ込んだトップライトはその後、横長のトップライトに、天井からの吊り下げ照明も変更されました。多少のリノベーションを加えた今でも、大部分はオリジナルで、乗馬愛好者のトレーニングの場として活用されています。

テキサコ・ガスステーション……アントチェアの原型
Texaco Service Station, 1937

　ベルビュー・ビーチを北上すると、不思議な形状のガソリンスタンドが突如として現れます。コンクリート造の小さな建物で、建築物というよりはむしろ彫塑的な作品といってよいでしょう。建物から円形のキャノピー[31]が突出し、それを1本の柱で支えています。柱には上向きの照明が付けられ、夜になると丸い庇がライトに照らされ、幻想的な夜の風景を演出します。ヤコブセンは後にこれに似たデザインの椅子を手掛けます。それが一世を風靡する「アントチェア」(1952) です。この「テキサコ・ガスステーション」のデザインから、すでに1930年代より「アントチェア」の原型がヤコブセンの構想にあったことを証明しているといえるでしょう。

〈上〉 ビーチバレーに興じる子供たち
〈下左〉監視塔
〈下右〉アイスクリーム・スタンドのスケッチ

ベルビュー・ビーチの施設

テキサコ・ガスステーション
〈上〉外観
〈中〉パース図

マットソン乗馬クラブ

3
風土に根ざした集合住宅

　ヤコブセンは1946年、亡命先のスウェーデンから祖国デンマークに戻ります。スウェーデン亡命中は、建築家としての仕事はほとんどなく、たった1つの住宅しか実現していません。そのこともあってか、帰国後のヤコブセンは建築に対する情熱がより一層高まり、さまざまなアイディアを現実のものへと昇華させていきます。

　彼は亡命中、祖国デンマークに対する慕情や北欧という地域性について常に考えを巡らせていました。戦前はドイツやフランスの先進的なモダニズム建築に傾倒していましたが、戦後の作風は一転し、デンマークの風土と伝統に根ざした独自の素材を見直すようになります。

スーホルムⅠ、Ⅱ、Ⅲ……戦後初の低層集合住宅
Søholm I, II, III, 1950, 1951, 1954

　ヤコブセンが戦後すぐにデンマーク政府から依頼された仕事は、資材不足に対処した安価で量産できる住宅の開発でした。実現したプロジェクトの1つが「スーホルム」[32]です。

　この集合住宅は全部で3期にわたって建設されています。1950年の第1期を皮切りに、翌年の第2期、1954年の第3期の完成をもって全体計画は終了します。ヤコブセンはすべての建物で、黄色の煉瓦を用いています。隣接する戦前の白いモダニズム時代に建てられた「ベラヴィスタ集合住宅」とは対照的です。「スーホルムⅠ、Ⅱ、Ⅲ」はそれぞれ異なるデザインですが、デンマークの風土と伝統に根ざした黄色の煉瓦という素材の統一によってまとまりのある調和のとれた佇まいとなっています。

　「スーホルムⅠ」は海の見える景色を考慮し、雁行型の配置としました。

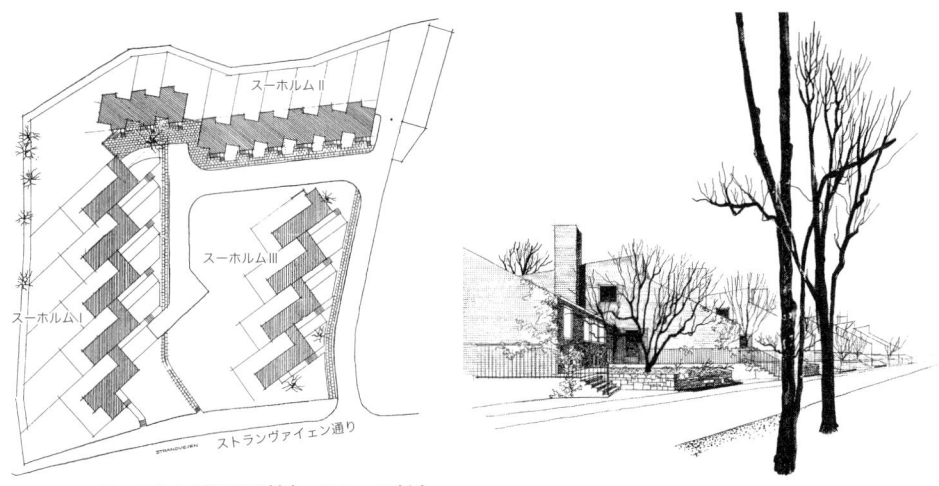

スーホルムの配置図(左)、スケッチ(右)

　専用庭を持つ 5 つの住戸が建ち並ぶ連続独立住宅（テラスハウス）です。非対称の屋根を持つこの住宅に対し、デンマークの各建築レヴュー誌は、「テラスハウスの固定概念を打破した傑作である」と絶賛しました。
　ヤコブセンはその中でストランヴァイェン通りに面した一角を自宅兼オフィスとしました。当時、ヤコブセンの事務所は地下室だけでしたが、次第に所員が増えると仕事のスペースが足りなくなり、「スーホルムⅡ」にも仕事部屋を借りました。ヤコブセンのオフィスに 1963 年に入所した 13 人目の所員、ポール・オーヴ・イェンセン[33]によれば、ヘレロプにも 1966 年頃事務所を設けていたそうです。彼によれば、ヤコブセンは鉛筆を持ち歩かない人で、所員の机を回っては、所員の鉛筆を借りてエスキスを行ったそうです。その当時は仕事よりもむしろ庭の手入れと趣味の水彩画にかけていた時間の方が長く、その合間をぬって地下のオフィスへ降りてきては所員に指示を与えていました。
　ところで先日、現在の「スーホルムⅠ」に暮らす若い建築家夫妻の家を訪ねました。家族構成は若夫婦と子供 2 人、住み込みの家政婦を含めた 5 人です。オリジナルのプランから変更し、1 階リビングを拡張していますが、2 階の夫婦の寝室から望むビーチの景色は、当時と変わりません。アートに造詣の深いこの夫婦は、家中を現代アートで飾りつくしています。建築家である夫人は「偉大なる建築家ヤコブセンの家に住めるなんて、ま

〈上〉外観
〈下〉内部

スーホルム I

スーホルムⅡ、Ⅲ

〈上左〉スーホルムⅡ
〈中左〉スーホルムⅢ
〈右、下〉アレフースネ集合住宅

アレフースネ集合住宅

るで夢のようです」と、目を輝かせながら語ってくれました。彼女は売りに出されていた広告を偶然見つけ、コンピュータ会社に勤務する夫を説得し、ローンを組んで購入したそうです。彼女はヤコブセンのように自宅をオフィスと兼用して設計活動を行っています。ヤコブセンは地下をオフィスとしていましたが、彼女は地下を家政婦ためのワークスペース兼ベッドルームとし、キッチン脇のスペースを設計のための仕事スペースとしています。

アレフースネ集合住宅……伝統素材への回帰
Alléhusene housing complex, 1953

　ヤコブセンは戦後、数多くの集合住宅を手掛けています。そのほとんどが「スーホルム」と同様にデンマーク伝統の黄色の煉瓦を用いています。窓枠が白く縁取られているのも外観の特徴といえるでしょう。またファイバー・セメントの屋根材を用い、採光のために最上階にルーフ・ウィンドウを設けています。

　この「アレフースネ集合住宅」の１室に住む女性にインタビューを試みました。1966年にヤコブセンの事務所に就職した初めての女性所員のエレン・ワーデです。彼女は以前もヤコブセンが設計した「若い夫婦のための集合住宅」(1949)に住んでいました。離婚後この住宅に引っ越し、独り暮らしを始めたそうです。なぜヤコブセンが設計した住宅に住み続けるのか尋ねたところ、「ヤコブセンの住宅は他と比べても格別に住み心地がよく、一度住むと他に移ることができなくなります。自分も建築家だからわかるのですが、デザイン性はもとより機能性にも優れており、住む側の気持ちを配慮して設計されています」とヤコブセン建築の良さを建築家の視点から語ってくれました。

　スウェーデン滞在中に祖国デンマークに馳せた思いが伝統素材に回帰することにつながり、デンマーク固有の自然条件や土地柄に適した住み心地のよい住宅デザインに重きを置くように変わっていく様子がうかがえます。

4
周囲に馴染んだ
オフィス・商業施設・工場

　ヤコブセンは大胆な発想を展開する一方で繊細さを持ちあわせていました。彼のその性格は公共建築に顕著に表れています。ここで紹介するオフィス・商業施設・工場は、いずれも敷地のコンテクストを読み取り、周辺にある歴史的建造物などに馴染むよう工夫を凝らして設計されています。

ノヴォ社増築……既存建築との連続性
Extension for Novo Terapeutisk Laboratorium, 1935

　デンマーク最大手の製薬会社ノヴォ・ノルディスクは、現在アメリカ資本の会社になっていますが、もとはといえばデンマークの2つの製薬会社が合併してできた組織でした。ヤコブセンはそのうちの1社 Novo Terapeutisk Laboratorium の創業者と幼馴染みでした。1933年に兄トーヴァル・ペーダーセン[34]邸を、1937年に弟のハーラル・ペーダーセン[35]邸の改築を手掛けています。会社の事業の拡張とともに、社屋を増築することにしたペーダーセンは、ヤコブセンに仕事を依頼します。

　既存の研究所はデンマークの伝統的なヴァナキュラー建築でした。ヤコブセンの設計した新棟は、整然と並ぶ正方形の窓が印象的なモダンなデザインで、コーナーが緩やかにカーブしています。両者をつなぐために、ヤコブセンはその間に高さを抑えた低層の建物を設計し、新旧の建築が違和感を感じないよううまく連続させています。

　日除けのサンシェード付きの正方形の窓がテンポよく配列されているファサード・デザインは当時としては画期的でした。また透明な円柱で覆われた外部の螺旋階段も特徴的です。彼のデザインする階段はどれも造形的に美しく、あえて人の動きをそのまま露出させるデザインがこれ以外にも

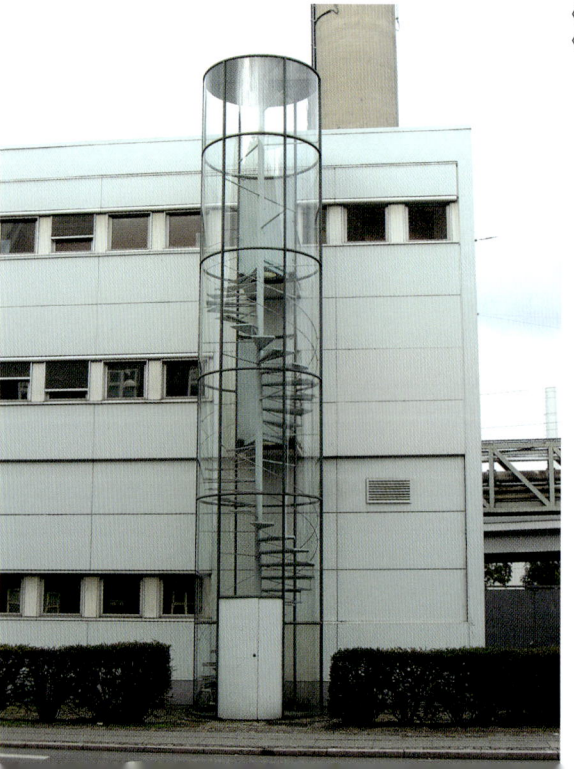

〈上〉外観
〈下〉階段室

〈上〉食堂
〈下〉室内に置かれたプランター

ノヴォ社

多く見られます。このように斬新な外観デザインと既存の建築物を連続させるためには、ちょっとした工夫が必要だったのです。

ところでノヴォ社が、かの有名な「アントチェア」(1952) 誕生の場所だということをご存じでしょうか。「アントチェア」はノヴォ社の食堂用につくられた椅子です。ヤコブセンは当時、アメリカのチャールズ＆レイ・イームズ夫妻[36]が取り組んでいた成型合板を使って椅子の開発に取り組んでいました。フリッツ・ハンセン社[37]の協力のもと、世界初の背面と座面が一体化した椅子の開発に成功します。その誕生秘話と製造工程については第3章で詳しく紹介します。

ステリング・ビル……歴史的景観への配慮
Stelling Building, 1937

コペンハーゲン市内の最も賑やかな場所にある「ステリング・ビル」は、現在カフェとしてオープンしていますが、もとはといえば画材のショップでした。ヤコブセンのスケッチを見ると、パレットをモチーフにした看板がデザインされています。

歴史的な建造物に囲まれたこのエリアに颯爽と登場した「ステリング・ビル」は、ノヴォ社の増築をふまえて設計されています。同様に緩やかなカーブを描くコーナーを持ち、周囲に溶け込むように工夫されています。1階ファサードは大きな開口部を持った商業店舗で、2階以上はグレーのセラミック・タイルのパネルに正方形の窓がグリッドに合わせて整然と組み込まれたデザインです。近代的でありながらも周囲の歴史的景観に違和感なく自然に溶け込んでいるのは、グレーと緑の落ち着いた色合いからでしょう。

窓の割りつけの手法はグンナー・アスプルンドの建築を参照しているようですが、数値的には黄金比のプロポーションを使って決めたといわれています。ところが所員が黄金比を使って設計提案をすると、「それは古い」といって一笑に付したという話が残されています[38]。おそらくル・コルビュジエたちと一緒にされるのが嫌だったのでしょう。しかし、ヤコブセンにとって、プロポーションは美の構成要素として不可欠な存在でした。晩

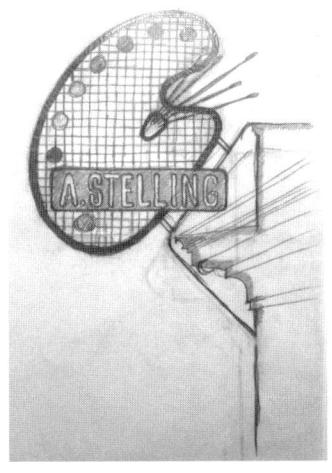

ステリング・ビルのスケッチ

年、デンマークの新聞「politiken」のインタビューに「建築の美に最も重要なのはプロポーションだ」と答えているように、アカデミー時代から生涯にわたり、プロポーションは彼の頭に必ずあったものです。

魚のスモークハウス………断崖絶壁にそびえたつモニュメント
Fish Smokehouse, 1943

　「魚のスモークハウス」から伸びる3つの巨大な煙突は、まるで記念碑のようにシェラン島北部の岬にそびえたっています。白く塗られたこの建物は、名実ともにこの地のモニュメント的存在として君臨しています。シーズンになると遠方から人々が買いつけにやってくる、魚の卵や燻製などの缶詰工場です。そのためこの3つの煙突は遠くからでも目印になるよう、巨大な彫塑的表現になっています。その神々しい姿は、常に強風にさらされ、白い荒波が断崖絶壁に打ちつける、この地にふさわしいデザインといえるでしょう。

　1919年から20年にかけて、建築家カール・ペーターセン[39]はアカデミーで3回シリーズのレクチャーを行い、大変な評判を呼びます。タイトルは"テクスチャー""対比""色彩"でしたが、これにはその頃リバイバルした古代ギリシャに想を得たドーリス主義の流行が大きく関係しています。ペーターセンの設計した「フォーボー・ミュージアム」[40]（1915）あるいはミカエル・ゴットロブ・ビネスブル[41]の「トーヴァルセン・ミュージア

ステリング・ビル

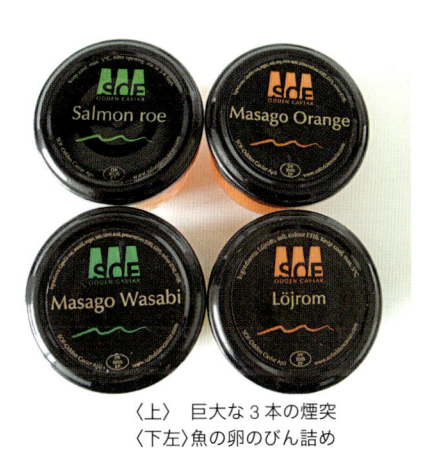

〈上〉巨大な3本の煙突
〈下左〉魚の卵のびん詰め
〈下右〉外観

魚のスモークハウス

〈左〉聖母教会
〈中〉フォーボー・ミュージアム
〈右〉トーヴァルセン・ミュージアム

ム」[42]（1848）などが良い例ですが、無装飾のテクスチャー、形態の対比、原色の室内意匠などを特徴としています。レクチャーでは、新古典主義様式の代表作ともいえるC・F・ハンセン[43]の「聖母教会」（1829）についても語られました。ヤコブセンのこの「スモークハウス」はまさにこれら新古典主義様式を象徴化したものではないでしょうか。ヤコブセンはアカデミー時代、ペーターセンの影響を受けた教授陣から教えを受け、徹底して新古典主義を学んでいます。ペーターセンの理論はヤコブセンだけでなく、スウェーデンやデンマークの多くの建築家[44]に継承されています。

　ところでヤコブセンは、この缶詰会社のロゴマーク、商品のパッケージデザインも行い、トータルデザインを心がけました。「SASロイヤルホテル」の一角でこの会社の製品が陳列販売されたのは、ヤコブセンの取り計らいでした。ヤコブセンはこのように建築だけでなく、どうやったら商品が売れるか、どのように販売したらよいかなど、会社の経営をも考慮し、さまざまなアイディアを打ちだし、実際にそれを実践する総合プロデューサーでもありました。

5
開かれた公共建築

　デンマークは昔から市民の政治に対する関心が高いことで知られています。ヤコブセンは誰もが気軽に利用できる市民の場を建築で表現しようと試みました。1905年にマーティン・ニーロップ[45]がナショナル・ロマンティシズム様式の建築として「コペンハーゲン市庁舎」を手掛けていますが、現在でもこの市庁舎の時計塔より高い建築を建ててはいけないという法律があります。時計塔が権威の象徴となっているのです。ヤコブセンは権威の象徴をできるだけ排除しようと、時計塔などのシンボルを不要と見なしました。「オーフス市庁舎」では市民の強い要望があって、最終的に時計塔をデザインしますが、他の市庁舎では建物の壁面に時計を付けているだけです。彼は「オーフス市庁舎」のほか、「スレルズ市庁舎」「ロドオウア市庁舎」「グローストロプ[46]市庁舎」(1959)など、デンマーク国内に4つの市庁舎を手掛けました。

オーフス市庁舎 ……… 物議をかもしたモダニズムの傑作
Århus City Hall, 1942

　オーフスはユトランド半島に位置するデンマーク第2の都市です。1937年、ヤコブセンはエリック・ムラーと共同で「オーフス市庁舎」のコンペを勝ち取りました。「コペンハーゲン市庁舎」以来の市庁舎建設に、オーフス市の隆盛と復興への市民の期待は極めて大きく、コンペ時から市民の注目を集めていました。人々は市制500周年を記念した新しい市庁舎建設に夢を託したのです。王政の排除、女性の参政権、自治体の確立などを掲げた新しい市民政治の場として、新しい市庁舎の建設が望まれたのです。
　市庁舎建設の主な条件として、以下のことが挙げられました。周囲の樹

シンボルとなった時計塔

次頁
〈上〉外観
〈下〉ホールから見た庭の樹木

オーフス市庁舎

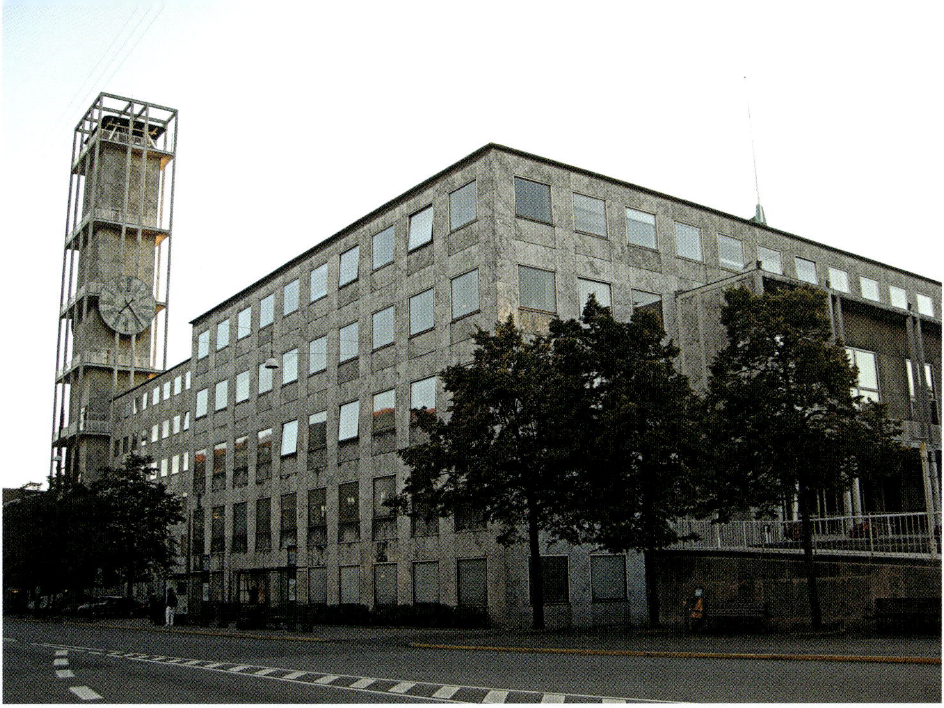

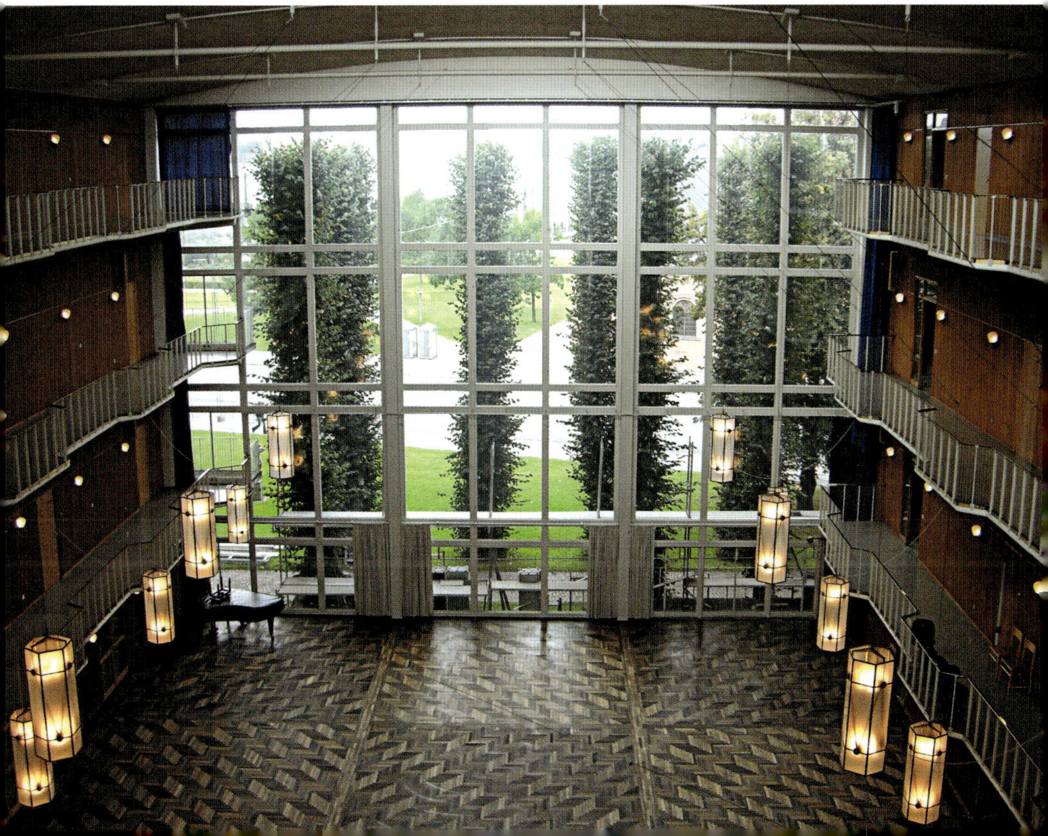

コペンハーゲン市庁舎

木を可能な限り残すこと、メインホールに大きな窓を設け自然光をふんだんに取り入れること、外観のデザインは美しくモニュメンタルであること、です。ヤコブセンとムラーのコンペ案は、既存の緑を有効に活用したもので、彼らの提案は1等となります。古い樹木が茂るかつての墓地を、都市の新しい憩いの場にうまく変え、メインホールには大きなガラスの開口部が設けられ、外部の自然と対話が可能な、透過性のある大空間が形成されました。ホールの高い天井からは自然光がふんだんに取り入れられ、光あふれる開放的な空間が提案されています。

　しかし、当初の案には時計塔はなく、外観は何の変哲もない硬質な四角い塊でした。一見すると、何のシンボルもない平凡な建物のように思えます。市民からはこの提案は激しく批判され、「コンクリートの塊」「水族館」と揶揄されました。たしかにヤコブセン以外のコンペ案にはすべて塔がデザインされていました。しかし、彼はあえて権威の象徴の塔を排除し、リベラルなデザインこそ新時代の市庁舎にふさわしいと主張したのです。しかも塔の建設コストがかさむことは明白でした。だからこそあえてモニュメンタルな塔を排除したのです。しかしオーフスの市民は、彼の主張に対し異議を申し立てました。ユトランド半島のシンボルとなる塔が必要だと。

　「コンペのやり直しか!?」とオーフスの新聞紙上で3週間にわたり毎日白熱した議論が繰り返されました。行政は塔をつくらなければ費用は支払わないと強気の態度を示し、ヤコブセンは庭に鐘楼をつくる妥協案を提出しました。しかしそれでは不十分といわれ、最終的にヤコブセン側は苦渋の

時計塔のないオーフス
市庁舎のコンペ案

選択で譲歩し、市民の希望に応え塔を建設することになったのです。しかしあくまで軽い表現にしようと骨組を露出させ、時計の位置を低くしました。これはどうやら **イタリア合理主義建築** [47] を参照しているようです。

　このように紆余曲折の上、オーフスのシンボルとなる市庁舎が完成したのは 1942 年のことです。完成時にはデンマーク王太子夫妻も駆けつけています。

　市庁舎は 2 つのウィングで構成され、低層ビルは役所の事務棟、高層ビルはホール、議会室など公的な機能で構成されています。訪問者はホールを囲むバルコニーを自由に移動することができ、開かれた市民の場を実現させています。内部のインテリアもすっきりとしたモダンなデザインとし、できる限りモニュメンタルな要素を排除しています。

　市庁舎のシンボルとなった時計塔に登ると、街を一望することができます。屋上からホール棟のスカイライトの配置などを確認でき、市庁舎建築の構造が理解できます。ちなみに時計塔の鐘は、市民の好意で集められた銅でできています。その鐘は今もなおオーフスの人々に時を告げ、時計塔は市民の誇りとなっています。結果として「オーフス市庁舎」はデンマークで最も成功したモニュメンタルな公共建築として、国際的にも高く評価されています。

　ところで、「オーフス市庁舎」のエントランスホールの壁には、オーフスの街と人の一生が描かれています。作者はヘーイドーン・オールスン [48] で、"Human society" というタイトルで 3 年かけて完成に至っています。しかしヤコブセンはこの絵を気に入らなかったそうです。それ以降、ヤコブセンは市庁舎の壁にかける絵画もインテリアの重要な一部であるとし、自らアーティストを選択するようになりました。主にその市の出身のアーティストが選ばれています。それは何でもトータルデザインする完璧主義者ら

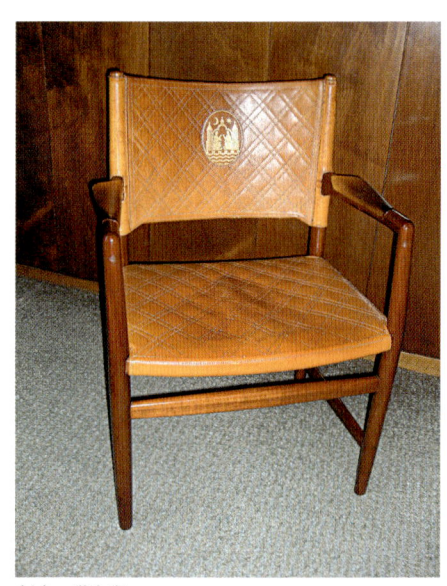

〈上〉　議会室
〈中左〉エントランスホールの壁画
〈中右〉議会室の椅子
〈下〉　結婚の誓いをする部屋

オーフス市庁舎

〈上〉 外観
〈下左〉議会室
〈下右〉エントランスホール

スレルズ市庁舎

しい思考の表れといえるでしょう。

　ちなみに結婚の誓いをする部屋には、デンマーク人アーティストのアルバート・ナウア[49]によって描かれた春、夏、秋の草花の絵が壁3面を彩っています。ということは、木のシルエットが描かれたカーペットは冬を表しているのはないでしょうか。このカーペットはヤコブセンのデザインです。

　議会室にある椅子のデザインは、ハンス・J・ウェグナーによるものです。ウェグナーはデンマークを代表する家具デザイナーとして世界的に有名ですが、当時はヤコブセンの事務所で働いていました。議会室だけでなく「オーフス市庁舎」のほとんどの椅子を手掛けています。ウェグナーは後に、「けっして妥協を許さないヤコブセンの姿に大いに影響を受けた」と語っています。

スレルズ市庁舎……控えめな合理主義
Søllerød City Hall, 1942

　1939年、ヤコブセンは長年の友人フレミング・ラッセンと組んで「スレルズ市庁舎」のコンペを勝ち取ります。外観ファサードは「オーフス市庁舎」と同様、北ノルウェー産のグレーグリーンの大理石を用いています。重量感のある四角の細長い2つの建物が平行しており、それをつなぐ通路は全面をガラスで覆い、対照的に軽やかなデザインとしています。

　屋根には「オーフス市庁舎」と同様、銅板が貼られています。メインストリートに面した外壁を見ると、時計とカリヨン（鐘）がつつましやかに備えつけられているのを確認できます。「オーフス市庁舎」とは異なり、シンボリックなデザインではありません。あくまで時を告げる機能を重視した、控えめなデザインの時計があるのみです。この控えめなデザインこそ、ヤコブセンが「オーフス市庁舎」で最初に考えた原案の合理主義に近いものといえるでしょう。

　内部のインテリアは、随所に「オーフス市庁舎」と同様のデザインが見られます。たとえば、真鍮の手すりや透明感のあるエレベーター、議会室の傍聴席など、挙げればきりがありません。それもそのはず、同時進行で「オーフス市庁舎」のプロジェクトが進んでいたからです。

ロドオウア市庁舎……カーテンウォールのモダンなデザイン
Rødovre City Hall, 1956

「ロドオウア市庁舎」は戦後に建てられ、「オーフス市庁舎」「スレルズ市庁舎」を発展させたデザインになっています。大通りから望む市庁舎の全景は、青々と茂る芝生を前面に配し、その背後に水平性を強調した横長のデザインが配置されています。大きく成長した柳がさらにアクセントを加え、自然の中にすっと溶け込んでいます。横長の建物のプロポーションは均衡がとれて美しく、ファサードはブロックとガラスという素材を組み合わせており、絶妙なコントラストをつくりだしています。

市庁舎のメインエントランスはその裏手に配置されています。大通りから望む印象とはまったく異なります。全面ガラスでできたカーテンウォールとなっています。開閉自由なガラス窓が特徴で、ファサードに軽快さと不均一なリズム感を与え、今見てもシャープでモダンなデザインです。

ロドオウア図書館……水平線を強調したフラットなデザイン
Rødovre Library, 1969

「ロドオウア図書館」は市庁舎の隣に位置しています。ちょうど市庁舎のエントランスと図書館のエントランスは、広場を挟んで向かいあうように設計されています。市庁舎のデザインがガラス張りで開放性を打ち出しているのに対し、図書館は重厚な外壁で囲まれ、内側に閉じた印象を与えています。ファサードの素材の違いから2つは好対照の建築といえるでしょう。しかし、どちらも水平性を強調した横長のデザインになっています。水平線はデンマークの平らなランドスケープを象徴しているといわれています。

図書館は大きく3つの建物で構成されています。エントランスから向かって左手は子供のための図書館、右手は大人のための図書館、中央はレクチャーホールです。

子供のための図書館の内部はほとんどオリジナルの状態を維持したまま、現在も子供たちに愛用されています。天井からぶら下がっている丸筒型の

〈上〉　ガラスのカーテンウォール
〈中左〉広場から見た外観
〈中右〉階段
〈下左〉議会室

ロドオウア市庁舎

〈上〉重厚な外壁
〈中左〉壁に取り付けられた AJ ランプ
〈中右〉天井の丸形の照明はムンケゴー
〈下〉子供用図書館

ロドオウア図書館

チェステーブル

　照明は、他の建物でも見られる、ヤコブセンが好んで使ったものです。壁に直接据えつけられているのも、ヤコブセン・デザインでおなじみの「AJランプ」です。ガラス戸の大きな開口部から自然光が入り、明るく開放的な空間となっています。外観の重厚な印象とは異なり、内部はとても心地よい空間で、楽しく読書ができそうです。

　配置図を見ると、次に紹介する「ムンケゴー小学校」と同様、中庭型のプランとなっており、図書室部分を挟むような形で中庭が配置され、その奥に図書館司書のための執務室が連なっています。図書室と中庭は自由に行き来でき、外のベンチに座って本を読むことも可能です。中庭には四季折々の木々が植えられ、まるで公園のベンチに座っているような気分になります。

　次に大人のための図書館ですが、こちらのインテリアは残念ながら当時の雰囲気とはすっかり変わってしまいました。しかし随所に「スワンチェア」や「3100シリーズのソファ」等を配し、当時の室内の様子を少しでも保持しようとする図書館側の意図が見てとれます。

　ところで、この図書館のためにデザインされた世界でたった2つしかないテーブルがあることをご存じでしょうか？　それはチェステーブルです。テーブルにチェスの碁盤が描かれており、子供用図書館と大人用図書館に1つずつ置かれています。図書館でチェスとはなんて粋な計らいでしょう。

6
採光を駆使した学校建築

　ヤコブセンは生涯にわたって4つの学校建築を手掛けています。デンマーク国内に3つの小学校「ホービー小学校」「ムンケゴー小学校」「ニュエア小学校」とイギリスに「オックスフォード大学聖キャサリン・カレッジ」(1964) を設計しています。

　学校建築では特に自然光の取り入れ方に配慮しています。北欧は高緯度に位置するため、冬の日照時間はとても短く[50]、自然光に対しては貪欲です。ヤコブセンはできるだけ効果的に光を取り入れようとさまざまな工夫を凝らしています。

ホービー小学校……光も人も集まる集会場
Hårby Elementary School, 1950

　「ホービー小学校」はフュン島に位置します。フュン島は首都コペンハーゲンのあるシェラン島と、第2の都市オーフスのあるユトランド半島の間に挟まれた小さな島です。童話作家のアンデルセン[51]の出身地オーデンセが有名で、日本人観光客も数多く訪れます。

　「ホービー小学校」はそのフュン島の南部にあります。当時ヤコブセンが好んで用いていた黄色の煉瓦とファイバー・セメントの屋根材を組み合わせた低層の学校施設です。ヤコブセンは学校校舎とスポーツ施設、それに付属する3つの教員住宅を手掛けました。教員住宅のデザインは、同時代に建てられたテラスハウス「スーホルム」とよく似ており、やはり各住戸には専用庭が設けられています。

　学校校舎の裏手から集会場へ至るアプローチには、パーゴラという植物を上部に這わせる構造体が設けられています。そこに蔓性の植物を這わせ、

〈上〉　図書館からのアプローチ
〈中左〉集会場内部
〈中右〉カーブを描く階段の裏側
〈下〉　外部の運動施設

ホービー小学校

〈上〉中庭に面した開口部
〈下〉教室をつなぐ通路

ムンケゴー小学校

日除けのための機能を持たせています。パーゴラが架けられている細長い建物が図書館です。

裏手の入口を入るとそこが集会場になっています。毎朝ここに全校生徒が集まります。2層吹き抜けの高い天井には3つの大きな窓が設けられ、そこから集会場に自然光が降り注ぎます。天井から吊り下げられた照明と壁に据えつけられた照明が小気味よく配置され、大きな窓からの自然光とうまく融合し、やわらかな明かりを演出しています。

また集会場にある緩やかなカーブを描く階段はひと際目につきます。裏から見ると、まるで巨大な動物の骨格標本のようです。その階段をゆっくり上ると、2階は教室や教員の個室が配置されています。こじんまりとまとまった校舎には、皆の夢がたくさん詰まっていそうです。

ムンケゴー小学校……ハイサイドライトの開口部と中庭
Munkegård Elementary School, 1957

デンマークを代表する建築家ヨーン・ウッツォンは、「キンゴー・ハウス」[52)] (1960) という集合住宅を設計しています。彼は中国の中庭型（四合院型）住居からインスピレーションを得てデザインしました。ヤコブセンもまた「ムンケゴー小学校」をデザインする際に、中庭を組み合わせて全体の配置計画をまとめ、中庭の大きさを1つのモジュールとしています。中庭を囲むように教室と通路が設けられ、中庭はさながらプライベートな屋外空間として使用されています。中庭の敷石のデザインもそれぞれ異なり、そこに置かれた彫刻もヤコブセンがすべて決めたものです。

もう1つの特徴は、太陽光を取り入れるための窓の配置です。教室はできるだけ明るい空間が望ましく、それ以前に「スーホルム」で採用した窓のデザインをここでも取り入れます。斜め横からのハイサイドライトのシステムです。デンマークは緯度が高いため、太陽の入射角度が低く、横から太陽光が注ぐことになるため、窓の配置を考慮しなければなりません。また季節や時間帯によっても異なるため、スタディを重ねた上で、窓の配置やデザインを決定しました。直射日光が弊害となることもあるため、窓にカーテンを取り付けることとし、そのデザインもヤコブセンが行ってい

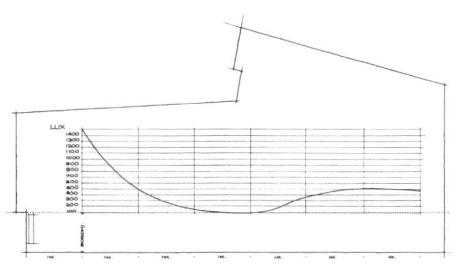

〈上〉　中庭と教室の配置
〈下左〉ヤコブセンが調査した自然光の照度
〈下右〉教室用机と椅子

ムンケゴー小学校

〈上〉 外観
〈下左〉教室の様子
〈下右〉特別教室棟の廊下のショーケース

丸筒型の照明が印象的な廊下

ニュエア小学校

ます。

　照明も「ムンケゴー」と呼ばれる薄型のものをデザインしていますが、これは高窓からの自然光を妨げることがないように配慮してデザインされたもので、かつ天井面に影が映らない工夫がなされています。「ロドオウア図書館」でも用いられており、現在も販売されているロングセラー商品です。トータルコーディネーターであるヤコブセンは当然のことながら、教室用の机と椅子「タンチェア」もデザインしています。

　イギリスの「オックスフォード大学聖キャサリン・カレッジ」の学長は、「ムンケゴー小学校」を視察し、ヤコブセンの徹底した学校建築に対する配慮や細部まで行き届いたデザインに感激し、新キャンパスの設計を依頼することに決めたそうです。

ニュエア小学校……センター・コリドーシステムでの工夫
Nyager Elementary School, 1964

　「ニュエア小学校」でヤコブセンは「センター・コリドーシステム」という、中央に廊下を配し、その両脇を教室とする配置システムを用いています。そして「ムンケゴー小学校」と同様に中庭を設けています。屋根と窓のデザインもまた、太陽光をふんだんに取り入れようと苦心しました。「ニュエア小学校」では「ムンケゴー小学校」からさらに発展して、ハイサイドライトを片面ではなく両面とし、光を2倍取り入れようと試みました。「ロドオウア図書館」でも同様の両面採光のシステムをとっています。

　センター・コリドーシステムで重要なポイントは、いかにして光を取り入れるかです。中央に位置する廊下には窓がないため、上部からアクリルの筒型の照明を釣り下げ、昼は自然光、夜は人工照明の光を与える仕組みを考えました。また特別教室棟の廊下は天井高が低く、上部から展示用のショーケースを取り付け、天井から自然光を入れる仕組みとしました。現在はこのショーケースは取りはずされましたが、このシステムは後に「デンマーク国立銀行」の植物用ガラスケースでも採用され、光に満ちた空間を演出しています。なお教室の配置は、教室棟と特別教室棟、低学年用と高学年用に振り分けられています。

7
トータルデザインの傑作

　ヤコブセンは尊敬するミース・ファン・デル・ローエと自分を重ね、家具まで含めた一貫性のある建築を目指しました。ヤコブセンにとって、ミースは生涯を通じて「最も偉大な建築家」であり、「バルセロナ・パヴィリオン」(1929)こそ、目指すべき完成形だったようです。完璧主義者であったヤコブセンは、建築に合わせて、家具、照明、カーテン、果てはカトラリーまでデザインしています。

SASロイヤルホテル……徹底した完璧主義
Royal Hotel＋Air Terminal for SAS, 1960

　コペンハーゲン中央駅から徒歩5分ほどの場所に、デンマーク初の高層建築があります。この建物はSAS（スカンジナヴィアン・エアライン・システム）のホテルとエアターミナルの複合施設としてつくられ、低層部と高層部から構成されています。1956年から4年がかりで竣工に至りました。建設当初は、市民から美しいコペンハーゲンの街並みにそぐわないと強い反発を受け、マスコミ各社から最も醜い近代建築というレッテルを張られました。ヤコブセン本人も「もし一番醜い建築の投票を行えば、1位に選ばれるだろう」と述べています[53]。かつての同僚エリック・ムラーは「ガラスのたばこ箱」と比喩しています[54]。ところがヨーロッパやアメリカなどから称賛されると、コペンハーゲン市民もヤコブセンのデザインの素晴らしさを認識するようになりました。今ではデンマークを代表する近代建築の1つとして、誇りに思われています。

　ヤコブセンはファサードのデザインにこだわり、何度もスケッチを繰り返しました。グリッドの比率、窓の配置、色にもこだわりました。特に色

SAS ロイヤルホテル

〈上〉外観
〈下〉ロビー

〈上〉606号室
〈下左〉スケッチ
〈下右〉美しい螺旋階段

に関してヤコブセンは次のように述べています。「デンマークの空はいつも灰色で曇っている。真っ青に晴れる日は少ない。この高層建築は市民が見慣れたいつもの空に馴染むよう配慮して色を決めたのだ」と[55]。そしてガラスとガラスの間にグレーグリーンのセラミック・タイルを用いることにしました。アメリカでは当時、SOM[56]のゴードン・バンシャフトが設計した全面ガラス張りのカーテンウォールの超高層ビル「レバーハウス」[57]（1952）が話題を呼んでいました。カーテンウォールの技術に関してもアメリカが先進していましたが、ヤコブセンは「ロドオウア市庁舎」の建設の際に、ドイツの会社と共同で開発を進め、すでに実践済みでした。

　ところでヤコブセンはこの「SASロイヤルホテル」でも完璧主義者として、すべてのインテリアデザインを手掛けています。家具はもとより、照明器具、カーテン、カーペット、テーブルウエア、灰皿、ゲストブックまで、すべて一貫したデザインでトータルコーディネートを行っています。世界的に有名な「スワンチェア」（1958）と「エッグチェア」（1958）も、実はこのホテルのためにつくられたものなのです。この2つの椅子の誕生秘話、製造工程については第3章で詳しく紹介します。「ポットチェア」「ドロップチェア」（1959）も、このホテルのために、新たにつくられました。

　ホテルですから、客室だけでなく、レストラン、バー、フロントなどホテルに必要な機能もすべてデザインしています。竣工までに4年もの長い年月が費やされたのも、ヤコブセンが細部にわたってデザインにこだわりを持ち続けたからです。徹底した完璧主義者ぶりは竣工後も続き、突然レストランへやってきて、テーブルの配置を変えたこともあったようです。

　ホテルのエントランスロビーはそのホテルの品格を表す顔といわれています。「SASロイヤルホテル」のロビーには、美しい造形の螺旋階段、「エッグチェア」が点在するスペース、蘭などが吊るされた植物を観賞するためのガラスケース[58]などが配置されました。ヤコブセンはホテルの外観を直線的でシャープなデザインにしていますが、内部のインテリアには有機的なフォルムを用い、優雅さを表現しています。直交する線と緩やかな曲線を絶妙に組み合わせて、「直線と曲線」「静と動」の対比を楽しんでいるかのようです。これは尊敬するミースの「バルセロナ・パヴィリオン」を

参照したといわれています。ミースは直線的な建物に対し、曲線美からなる女性像の彫刻を配置し、水平線を際立たせました。

さて現在ですが、残念ながら建物内部のインテリアや客室のほとんどは改装されてしまいました。しかし唯一606号室だけは"Jacobsen Sweet Room"という名で、オリジナルのまま維持され、宿泊も可能です。水色を基調としたインテリアになっています。ホテルのフロントデスクによれば、この特別室はヤコブセン好きの日本人客の予約で一杯だとか。

デンマーク国立銀行……究極の芸術作品
National Bank of Denmark, 1978

ヤコブセンの晩年の最高傑作ともいえる「デンマーク国立銀行」ですが、彼がこのコンペに優勝したのは1961年のことでした。旧証券取引所などオランダ・ルネサンス様式の重厚な建物が並ぶ周辺地域との調和を考慮しつつ、新時代にふさわしいモダンな建築にすることがコンペの条件でした。コンペ優勝以来、ヤコブセンは国の最高機関といえる国立銀行の設計に全力を投じ、死の直前まで携わっていました。

建物は低層の紙幣印刷工場と高層のオフィス棟の2つの建物で構成されています。コペンハーゲンの中心部に位置し、運河に面しています。ノルウェー産の黒大理石とダークカラーのミラーガラスで覆われたファサードは、国立銀行という堅固なイメージを演出するのにふさわしい素材として選ばれました。実は無機質な外観からはまったくその存在をうかがい知ることができませんが、3つの屋上庭園があり、国立銀行で働く人々にとっては贅沢な憩いの場が形成されています。内部には植物を入れるガラスケースが置かれ、蘭の咲き乱れる美しい姿を見ることができます。

採光についても芸術的な取り組みを行っています。デンマークの教会を訪ねると、他のヨーロッパ諸国と異なり、ステンドグラスを用いず、柔和な自然光が静謐な祈りの空間に差し込んでくる場面に遭遇することがあります。「デンマーク国立銀行」のエントランスロビーは、まるで荘厳な教会を思わせる巨大な吹き抜け空間が広がっており、時間の経過とともに壁面のスリットから入る光が、まるで祈りの時を告げるかのようにゆっくりと

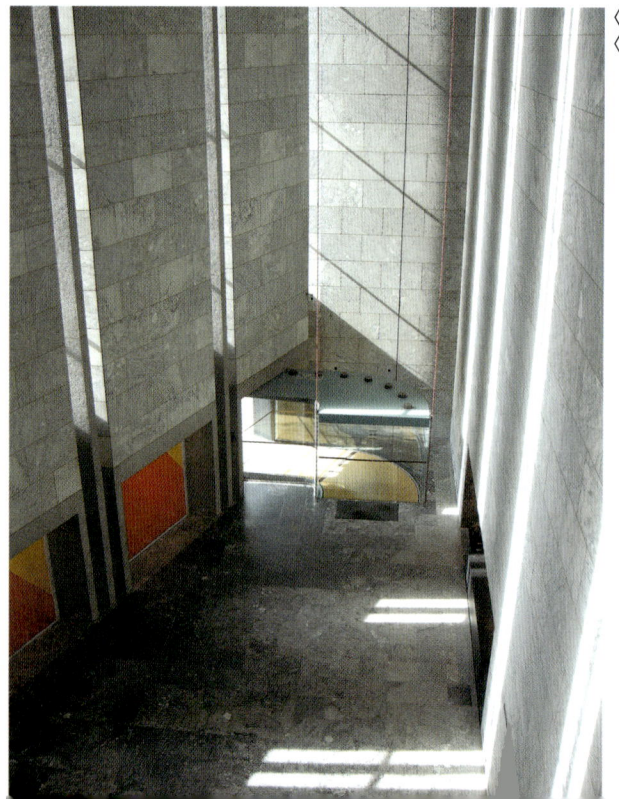

〈上〉外観
〈下〉エントランスホール

〈上〉　スリットから差し込む自然光
〈下左〉エントランス
〈下右〉中庭に面した休憩スペース

デンマーク国立銀行

グルンドヴィ教会。外観(左)、内部(右)

動いていきます。それはまるでデンマークの近代建築を代表する「グルンドヴィ教会」[59] (1940) にいるかのような錯覚に陥ります。要塞のような外観とは異なり、内部にはこのような劇的な装置が取り入れられているのです。

　ヤコブセン常に外部から内部に入った時の第一印象や中間領域のあり方について考慮し、設計に反映させていました。「SASロイヤルホテル」のロビーでもそうです。もちろん周囲の建物との関係性も忘れていませんでした。特に「デンマーク国立銀行」は、通りを挟んだ向かい側に由緒ある「ホルメン教会」(1619) があります。ヤコブセンは北欧の静かな光を操作して、6層吹き抜けのロビーに足を踏み入れた時に受ける印象を聖域への入口としたかったのでしょう。国立銀行は限られた人しか入ることのできない、ある意味崇高な場所ですから。このロビーは聖域と俗域の中間領域であり、一般の人も立ち入ることができます。

　1971年、ヤコブセンはこの完成を見ることなく、突然の心臓発作でこの世を去りました。彼の死後、部下であったハンス・ディッシング[60]とオットー・ヴァイトリング[61]が後継者として彼の仕事を引き継ぎ、最高傑作がつくりだされました。

Chapter 3
ヤコブセンのこだわり

Jacobsen's Manner

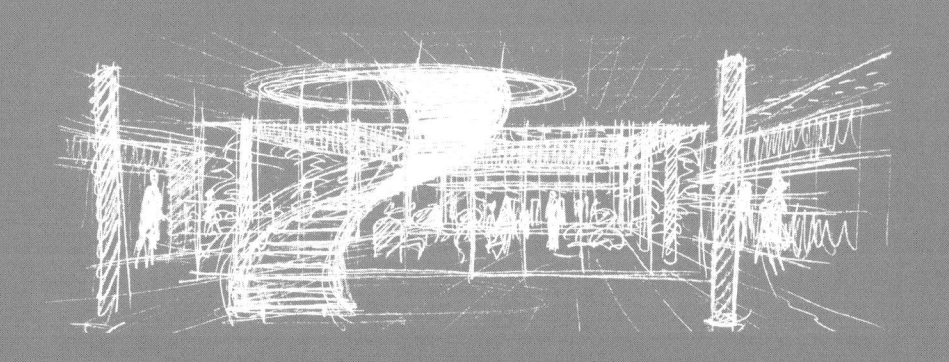

ここでは完璧主義者ヤコブセンのこだわりを紹介したいと思います。まずデザイナーとしてのディテールに対するこだわりです。次に、量産化のためのシステム化、規格化の提案です。また彼の作品のいくつかは、過去または現在の優れた作品を参照し、それをもとに手を加え、応用させているものがあります。最終的に参照した作品を超越して完成に至っていますが、それは西欧モダニズムをいったん取り入れ、次に打破しようとする彼なりの流儀なのでした。そして最後は、植物に対するこだわりです。彼は生涯にわたり、何らかの形で植物を建物のデザインに取り入れています。

1
細部にこだわるデザイン

　「神は細部に宿る」とミース・ファン・デル・ローエは口癖のように述べていました。ヤコブセンもまた、建物のディテールについてかなり執拗なこだわりを持っていました。おそらく建物の外観を完璧につくっても、その内部にまったくコンセプトの異なる趣味の家具や照明が置かれることに我慢ならなかったのでしょう。公共建築だけでなく住宅でもなるべく細部にわたってデザインを施しています。素材の選択はもちろんですが、細部のデザインに関しても何度もスタディを繰り返し、妥協を許しませんでした。そうして完成に至ったデザインはどれも洗練されており、見る者を魅了する美しさを有しています。

ドアノブ

　ヤコブセンのデザインしたドアノブと階段の手すりの手触りの良さは格別です。ヤコブセンは初期の頃からドアノブを自らデザインし、単なる機能だけではなく美しいデザインを求めています。「フンキス（機能主義）・

握った時の感覚を考慮したドアノブ。左から、ホービー小学校、SASロイヤルホテル、スレルズ市庁舎

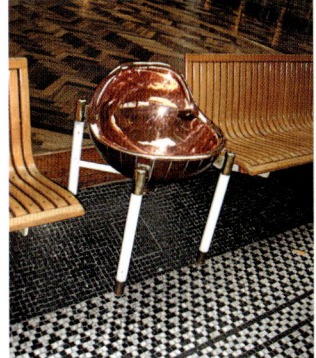

ヘビースモーカーだったヤコブセンがデザインした灰皿。左から、オーフス市庁舎（2つ）、ロドオウア市庁舎

オーフス市庁舎のホール時計

スレルズ市庁舎の室内時計

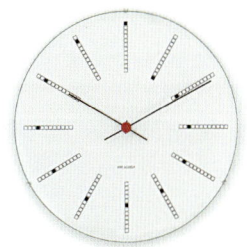

商品化された時計。上から、シティホール、バンカーズ

アーキテクト」と呼ばれた時期も、晩年も、部品に至るすべてのデザインに対し、美しさを求める姿勢は一貫して変わりませんでした。たとえば「SASロイヤルホテル」のために有機的なフォルムのドアノブをデザインしています。手のひらに収まった時に握りやすいフォルムでなめらかなカーブを持つデザインです。このドアノブは現在も製造販売されています。

階段

　ヤコブセンが最もこだわったデザインの1つが階段です。上下の垂直移動を伴う階段のデザインは、どの建築家も毎回頭を悩ませるものです。しかし、ヤコブセンは上下の移動を主とする機能的なデザインではなく、必ず美しい形態を求めてデザインしています。どこから見ても美しくしなければいけない、と心に決めていたのでしょう。階段の裏側までも「見せるデザイン」としているところに、完璧主義者らしさがうかがえます。

　彼が最も得意としたのは螺旋階段です。弧を描いて旋回する螺旋階段の手すりに関しては、デザインの美しさだけでなく素材の選定にも配慮がうかがえます。「オーフス市庁舎」にある螺旋階段は大きな弧を描きながら地下へと誘導してくれます。美しい曲線を描く手すりの素材にはピカピカに輝く真鍮が選ばれ、毎日清掃係が丹念に磨いています。

　また、「デンマーク国立銀行」の吹き抜けに吊るされた階段は、まるで天国へ昇る階段を象徴しているかのようです。詩的な空間に美しい階段が添えられています。これは「ロドオウア市庁舎」などで見られる階段と同様、軽さを見せるためにサスペンション工法[1]としているものです。機能主義者であるヤコブセンですが、この国立銀行の階段はけっして実用的とはいえないものです。実用性よりも直線的な構造美を見せたかったものと思われます。これは吹き抜け空間に添えられたモニュメントなのです。

暖炉

　長い冬の間、家の中で多くの時間を過ごす北欧の人々にとって暖炉の存

在は重要です。リビングなど家族が常に集まる場所に置かれ、人々は暖炉の火に包まれながら団欒を楽しみます。ヤコブセンがデザインした暖炉のいくつかを見ると、派手さはありませんが、洗練されたデザインを施しているのがわかります。たとえば「ベルビュー・レストラン」の暖炉は、壁と一体化した暖炉で、曲線を用いてふくらみを持つやわらかなデザインです。これはグンナー・アスプルンドの「サマーハウス」(1937) に見られるような、丸みを帯びた有機的な形態の暖炉です。他の住宅でも有機的な曲線を用いている暖炉が散見されます。

灰皿

　ヤコブセンを知る人であれば、パイプを加えた姿をすぐに思い浮かべるのではないでしょうか。彼は相当のヘビースモーカーで、いっときも煙草を離さなかったそうです。その姿はトレードマークにさえなっていました。そのことは彼の設計する建築デザインに顕著に表れています。たとえば「オーフス市庁舎」では、数メートル間隔で壁に灰皿が据えつけられています。今でこそ携帯灰皿などが商品化されていますが、それがなかった時代、煙草好きのヤコブセンがいかに灰の処理を気にしていたかがわかります。このように身近にある日用品を、建築と合わせてデザインし、徹底して合理主義を追求する仕事ぶりは、すべてのプロジェクトで見られます。

水栓金具

　ヤコブセンは、ドアノブだけでは飽き足らず、水栓のデザインも試みています。このことからヤコブセンがいかに手触りの触感にこだわっていたかうかがいしれます。それは商品化され、ヴォラ[2]という水栓金具のメーカーで現在も製造されています。ヴォラ社の水栓金具は、「デンマーク国立銀行」のプロジェクトで世に知られることになります。水量や温度の調節が簡単にできる優れた機能性を持ち、禁欲なまでに装飾を排除したシンプルなデザインに人々は心を奪われました。そのミニマムなデザインは、

デンマーク国立銀行のロビーの階段

〈上、下左〉オーフス市庁舎の螺旋階段と手すり
〈下右〉　ベルビュー・シアターの階段と手すり

時代の流行にとらわれない普遍的なもので、ヤコブセンのコンセプトは受け継がれ、現在はバリエーションを増やしています。

照明器具

　ヤコブセンは建築に合わせて多くの照明器具をデザインしています。光に対するこだわりは他の北欧デザイナーと共通しており、その地理的要因によって優れた照明デザインが数多く生みだされました。

　ヤコブセンと同世代にポール・ヘニングセンという照明デザイナーがいます。彼は建築を学んでいましたが、次第に照明デザインへと関心を移していきました。ポール・ヘニングセンの頭文字をとった「PHランプ」（1925）と呼ばれる有名な照明器具は、今も世界各国で愛用されています。

　ヤコブセンのデザインした照明器具も、やはり頭文字をとって「AJランプ」（1957）と名づけられ、今も人気商品の1つです。これもやはり「SASロイヤルホテル」のためにデザインされたものです。現在も「PHランプ」と同様、ルイスポールセン社で販売されています。このほか、「SASロイヤルホテル」の客室に備えつけられた可動式の照明器具も画期的なデザインといえます。壁の溝をレールとし、移動が可能で、ベッドサイドやデスクサイドに設けられました。

テーブルウエア

　ヤコブセンの義理の息子ペーター・ホルムブラッド[3]が勤めるステルトン社[4]は、ステンレス製のテーブルウエアのメーカーで、ポットやカトラリーなどを製造しています。ペーターは1963年にステルトンに入社し、ヤコブセンに商品のデザインを依頼しました。最初は乗り気でなかったようですが、なるべく夕食を一緒にとり、食卓で根気よく説得を続けました。半年ほど経ったある日の夕食時、ヤコブセンにボウルの素案を見せたところ、気分が良かったのか、ナプキンにスケッチを始めました。ペーターはそれを社に持ち帰り、さっそく商品開発にとりかかりました。その案を実

現化するには時間が必要でしたが、一度乗り気になったヤコブセンは、今度は早く実現するようにと、商品化をせかすようになったそうです。

　その後、ヤコブセンはステンレス素材に興味を持ち始め、「シリンダライン」[5]（1967）と呼ばれるシリーズが誕生しました。ヤコブセンは職人による生産よりも、工業製品としてステンレスを用いる方が高いクオリティのものを大量生産できると確信していました。ステンレスは堅固な素材で簡単に曲げることができません。しかし、シリンダー、つまり円筒にすることによって、工場での機械生産がうまく稼働できたのです。発売と同時にデンマーク・デザイン・カウンシルのインダストリアル・デザイン賞を受賞し、翌年にはアメリカのインテリア・デザイナー協会のデザイン賞を受賞するなど、世界中から注目を集める人気商品となりました。しかし、当初はそれほど売れ行きがよくなく、ノヴォ社の工場用に大量注文するなど、涙ぐましい販売戦略がありました。

　「デザインは付け加えるほど醜くなる」というのがヤコブセンの口癖[6]で、シリンダライン・シリーズのテーブルウエアは、彼のミニマリズムの結晶ともいえます。今や34種類あまりの商品が製造販売されています。

時計

　「オーフス市庁舎」では時計塔の建設を巡り、激しい議論となりましたが、ヤコブセンは建物内部にも美しい時計をデザインしています。「ロドオウア市庁舎」と「デンマーク国立銀行」のためにデザインした時計もいたってシンプルなデザインで、それぞれ「シティホール」（1955）、「バンカーズ」（1970）という名で商品化され、現在も販売されています。

　このようにヤコブセンのプロダクト・デザインは、どれも特定の建築のためにつくられたもので、最初から量産化を目指したものは「シリンダライン」の製品だけです。結果としてそれらが商品化され、ロングセラーとなっている理由は、場所や時代を選ばない普遍的なデザインだからでしょう。シンプルで美しいデザインは今もなお世界中の人々に愛され続けています。

オーフス市庁舎の照明
〈左〉ホール
〈右〉議会室

壁面や天井を彩る照明。左から、スレルズ市庁舎、ベルビュー・シアター、ホービー小学校

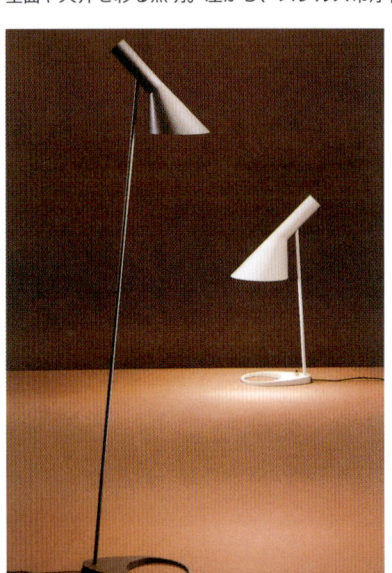

SASロイヤルホテルの照明
〈左〉AJランプ
〈右〉606号室のベッドサイドライト

カーブを描く有機的なフォルムの暖炉
〈左〉ハーラル・ペーダーセン邸のものは石造り
〈右〉ベルビュー・レストランのものは煉瓦造り

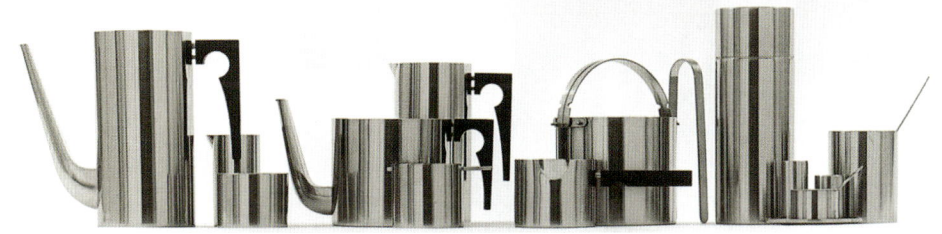

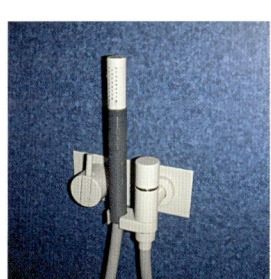

シリンダライン

ヴォラの水栓

2
量産化のためのミニマム・デザイン

　合理主義者、機能主義者であったヤコブセンは、当然ながら家具および住宅の規格化、システム化にも取り組んでいます。それはつまりは量産することを前提にしたものです。

家具の量産化：アントチェア、セブンチェア

　現在もなお、世界の人々に愛用されているヤコブセンの椅子。イギリスの建築家ノーマン・フォスター[7]は、「ヤコブセンの家具は建築と同じ要素を持つ。フォーマルで高品質で象徴的だ。そして何よりも使いやすく快適である。まさに Timeless Design であり、時代を超えて人々に受け入れられている。それが最も顕著なのがアントチェアだ」と述べています[8]。
　ここではヤコブセンの代表的な椅子の誕生秘話とその製造工程を紹介します。いずれもフリッツ・ハンセン社で製造されているものです。1872年創業のフリッツ・ハンセン社はアルネ・ヤコブセンをはじめ、ポール・ケアホルム、ハンス・J・ウェグナー等、ミッド・センチュリーを代表するデザイナーの名作家具を、今もなお世に送り出しています。

◆アントチェアとセブンチェア
　ノヴォ社の食堂用につくられた「アントチェア」(1952)。ヤコブセンは最初にチャールズ＆レイ・イームズの椅子を購入して、オフィスの製図室に置き、所員に向かってこう言ったそうです。「この椅子を超えるものをつくろう。しかし、絶対にまねしてはいけない。これよりも優れたものをつくるんだ」と[9]。そして背もたれと座面が一体化した「アントチェア」

の原型ができあがりました。イームズの椅子も成型合板を用いて3次元曲面をつくりだしたものでしたが、ヤコブセンの野心は、すべてが一体化した椅子だったのです[10]。工場での量産可能なシンプルなデザインです。

当時、デンマーク国内では唯一フリッツ・ハンセン社だけが曲げ木の技術を用い、成型合板を曲げる技術を持っていました。そこでヤコブセンは「アントチェア」の原案を持っていきますが、板の成型が難しく製品化の採算が合わないという理由で断られます。そんな時、たまたま幼馴染みのノヴォ社の会長がヤコブセンのオフィスを訪ね、その椅子の出来をほめたそうです。そこでヤコブセンはすかさず機転を利かせてこう言いました。「会長、気に入りましたか？　この椅子はノヴォ社の社員食堂のためにつくったものです」[11]。そうして300脚の注文を受け、フリッツ・ハンセン社に協力を依頼することにしました。

ヤコブセンは量産化を渋るフリッツ・ハンセン社に対し、もし売れ残ったら自分が買い取ってもいいと言い放ち、量産化のための設備投資に踏み切らせるのでした。それはちょうどフリッツ・ハンセン社の創業80周年の年に当たり、売れるかどうかは社運を握る賭けでもありました。「アントチェア」は商品化前の心配をよそに、アメリカやオーストラリアで爆発的に売れます。ところがヤコブセンはクールに次のように述べました。「欲しい椅子があれば買うだけで、誰がデザインしたかは関係ない」と[12]。

3本脚という特徴は、スタッキングできる機能を持ち、テーブルに収まりもよく、食堂用の椅子には適していました。しかし後に安全性の高い4本脚に変更されます。素材に関しては「デンマークの家具にはデンマークの素材、ブナを使うべきだ」と述べ[13]、その後次々と発表する成型合板の椅子にも量産を考慮してブナを用いました。

ところで「アント」という名は、「蟻」のようなくびれを持つ形態から名づけられました。背面と座面を一体化させるために、合板の折り曲げにクラック（ひび）が入らないようくびれを設けて、柔軟性を持たせたデザインです。その後「アントチェア」を改良する形で「セブンチェア」（1955）がつくられました。くびれに幅を持たせてより安定感を出し、緩やかなカーブで座面と背面をつなげています。「セブンチェア」は世界で最も売れた

アントチェア、セブンチェアができるまで

アントチェア

セブンチェア

フリッツ・ハンセン社の工場の合理的な生産ライン

合板となる単板

型取られ切断された単板

プレス前に研磨

単板を9枚重ねてプレス機で圧縮

プレス加工後

塗装前に白く下地塗り

機械で塗装

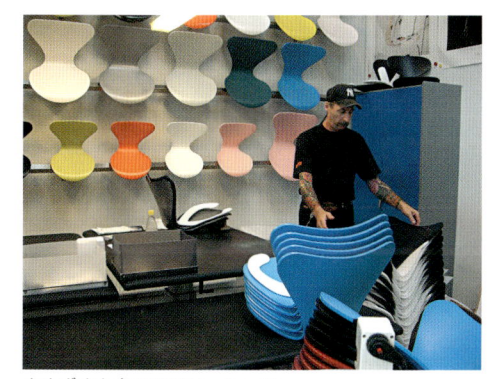

さまざまな色のバリエーション

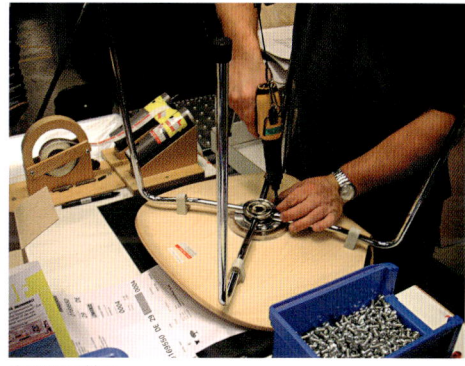

脚の取り付け

椅子の1つといわれています。

　それではそれら成型合板製の椅子の製造工程を紹介しましょう。「アントチェア」も「セブンチェア」もコペンハーゲン郊外にあるフリッツ・ハンセン社の工場でつくられています。この工場は「最高のクオリティの機能的家具を、工業的生産プロセスによって生産する」という創業者フリッツ・ハンセン[14]の哲学のもと、いち早くオートメーション化が取り入れられ、合理的かつ効率的な生産ラインが組まれています。たとえば工場内の材料の運搬は、すべて自動制御された無人のフォークリフトによって行われます。しかし重要な作業は機械に頼るのではなく、やはり人手に委ねられています。工場のインテリアデザインは、デンマーク生まれのデザイナー、ヴァーナー・パントン[15]によるもので、ピンク、水色などのパステルカラーが特徴となっています。パントンは、奇しくも「アントチェア」が誕生した時期に、ヤコブセンの事務所で所員として勤務しており、実際にデザイン開発に関わっていました。パントンは後にかの有名な「パントンチェア」(1967) を生みだしますが、これは世界初のプラスチックによる一体成型の椅子です。「アントチェア」の開発に関わった経験が新素材の選定、製造業者との協同作業など、「パントンチェア」誕生に大いに貢献したようです。実際「他の誰よりもヤコブセンから多くのことを学んだ」とパントンは述べています[16]。

　さて順を追って工程を見ていくことにしましょう。まずプレス加工以前の単板は、型にはめられ、作業員によって切断されます。切断された単板は、1枚1枚研磨されます。合板の曲げ加工には接着剤を用いず、9枚の単板を機械でプレス加工し、美しい曲線美をつくりだします。表面の木材は厚さ0.7ミリの良質の材を用い、その内側にインド綿を挿入することによって、衝撃による割れを防止します。そしてさらにその内側に厚さ1.2ミリの7枚の単板を縦と横に交互に重ね、合板はつくられます。合板は曲げ加工後に機械によって冷却され、パレットの上に重ねられ、48時間保管庫に置き、形を固定させます。その後、合板は白色に下地塗りされます。現在は塗装のバリエーションが増え、ラッカー仕上げに加え、木目が見えるカラードアッシュ仕上げ、そしてその中間のペインテッドビーチ仕上げも

登場しました。塗装が終わると、いよいよ脚と座面との接合です。脚はこの工場で生産されているのではなく、スウェーデンで生産されたものを使います。最後の仕上げ作業である、脚と座面を接合するためのボルト締めと商品のラベル貼りは製品のチェックも兼ねており、作業員によって手作業で行われます。こうして年間20万脚以上の成型合板の椅子が製造されています。

◆エッグチェアとスワンチェア

身体の形に合わせてデザインされた緩やかなカーブを持つ「エッグチェア」(1958) と「スワンチェア」(1958)。両方とも「SASロイヤルホテル」のためにデザインされました。「エッグチェア」は名前の通り卵の形をした椅子です。すべてが一体化したシェル構造でつくられています。この彫塑的な形はコンスタンチン・ブランクーシ[17]などにインスパイアされたといわれています[18]。

「エッグチェア」はホテルのロビーに置かれる椅子としてデザインされました。腰かけると身体全体が椅子のシェルに囲まれ、外部の雑音をシャットアウトすることができ、くるりと向きを変えることで移動せずに自分の世界に浸ることもできます。ロビーというパブリックスペースに居ながら、卵の殻に包まれた自分だけのスペースを確保することができる優れものです。「座った人のおだやかな感情が目の前の人にも伝わる椅子」といわれています[19]。

一方、「スワンチェア」は「白鳥」を意味します。〈卵からかえった白鳥〉という物語性を意識しているのでしょう。実は「スワンチェア」のルーツをさかのぼると「セブンチェア」に辿りつきます。ちょうど「セブンチェア」が発表される頃、「スワンチェア」の原型となる模型が合板で制作されています。しかしながら、合板ではヤコブセンが求めるデザインを実現するには技術的な限界がありました。そうしたところ、1950年代半ばにノルウェーの工業デザイナーがポリスチレン樹脂を熱加工して家具の制作に応用する技術開発を行い、1957年に会社を設立しました。世界中の工場とライセンス契約を結び、デンマークではフリッツ・ハンセン社がそのライセ

エッグチェア

スワンチェア

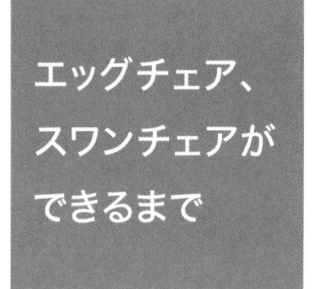

エッグチェア、スワンチェアができるまで

皮革を裁断するための型

型を用いて皮革を切断

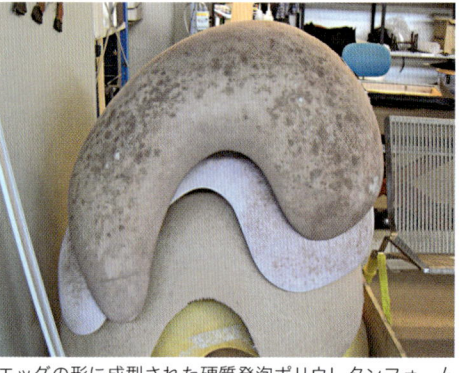

エッグの形に成型された硬質発泡ポリウレタンフォーム

型に合わせて皮革を張る

片面ずつ張り合わせる

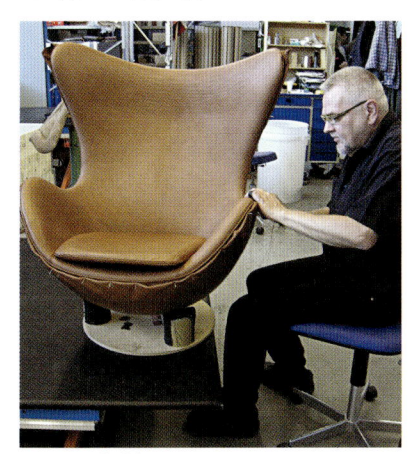

1つ1つが手縫い

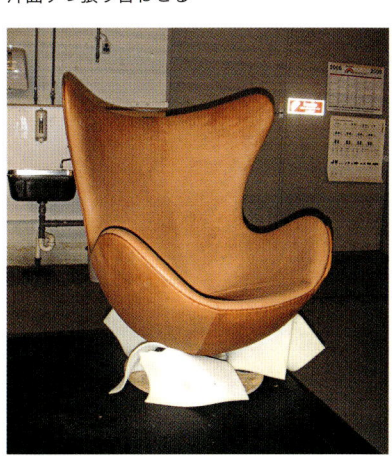

縫合後

特別注文で張り地を変えることも可能

ンスを獲得しました。フリッツ・ハンセン社はヤコブセンに、その技術を応用して有機的なフォルムの椅子が実現できるのではないかと持ちかけます。スタディを重ねて完成に至ったのが、この2つの椅子「エッグチェア」「スワンチェア」なのです。

　ヤコブセンはスタディ段階時に必ず原寸大の模型をつくるよう命じていました。「エッグチェア」に関しては金網と石膏を用い模型をつくりましたが、希望していた寸法とわずか数センチ異なっていたため、完成間際に無理を言ってサイズを変更させたというエピソードがあります。

　「エッグチェア」と「スワンチェア」は、どちらも職人の手作業によって1つ1つ丹念に製造されています。まず硬質発泡ポリウレタンフォームの成型と、張り地である革の切断から始まります。ポリウレタンフォームと張り地の接合は接着剤を用いず重しのついた型で片面ずつ張り合わせていきます。その後職人の手作業によって張り地が縫合されます。特別注文によって張り地に毛皮や特殊な布地を用いることもあります。

　倉庫を持たないフリッツ・ハンセン社では、できあがった完成品はただちに工場から出荷されます。徹底した受注生産方式による合理的なシステムを採用し、無駄のない在庫管理を行っています。

住宅の規格化：クーブフレックスハウス

　ユトランド半島のコリン[20]という町に「トラポルト・ミュージアム」[21]があります。美しいフィヨルドに面した白亜のミュージアムで、1988年に開館しました。コレクションはデンマーク現代美術と工芸、陶磁器が中心ですが、1996年に家具専用の展示室が増築されて以来、20世紀以降の家具のコレクションが売りとなり、今では別名「家具のミュージアム」と呼ばれるようになりました。ランドスケープ・アーキテクトのC・Th・スーレンセン[22]によってデザインされた屋外空間には彫刻が配置され、庭園には17世紀に建てられた藁葺き屋根のヴィラが点在しており、ヤコブセン設計の実験住宅「クーブフレックスハウス」[23]（1970）もここに移築されています。

クーブフレックスハウスの立面図
(上)、平面図(下)

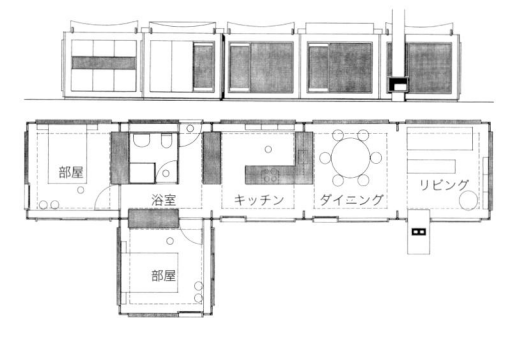

　この実験住宅はプレファブリケーションのシステムを用いた住宅です。ヤコブセンは 1960 年代後半からシステムハウスの実験に取り組みます。プレファブ会社から最もシンプルなシステムを用いたローコスト住宅の提案を求められたのがきっかけでした。ヤコブセンは実はすでに「ムンケゴー小学校」で、統一した要素を組み合わせるシステムを用いましたが、さらにそれを簡素化させて、3.36 × 3.36 メートルを 1 つのモジュールとして、キューブを組み合わせて住宅としました。つなぎあわせて増築することも可能です。外壁パネルの組み合わせも何通りかあります。壁全体が 1 つのガラス窓でフィックスされたもの、白いパネルで閉じているもの、開閉できるスライディングのガラス戸があるもの、横長のガラス窓と白いパネルでできているものなどです。屋根はどの方向からでも使えるデザインです。しかし中央に雨水がたまり汚れやすいなど問題があり、失敗だったと設計担当者のエレン・ワーデは述べています。残念ながらこの住宅は市場で売りだされることはありませんでした。合理主義者のヤコブセンは、商品化されなかったこの住宅を引き取り、自らのサマーハウスとし気に入っていたようですが、没後遺族によってミュージアムに譲渡されました。

　実はヤコブセンの事務所では「クーブフレックスハウス」と同時期に「クバドラフレックスハウス」[24] (1971) というプレファブリケーション住宅も開発しています。ユニットは少し広めで 4.26 × 4.26 メートルです。「クーブフレックス」がサマーハウス的利用であったのに対し、こちらは普通住宅としての適正な広さを持っていましたが、やはり量産化のシステムに乗ることはありませんでした。

　このようなシステム住宅の開発は、これ以前より世界各地で行われてきましたが、最も成功したのは日本の住宅メーカーでした。

SASロイヤルホテルのインテリアのスケッチ

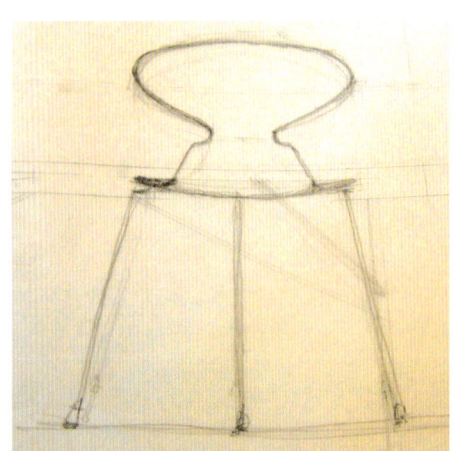

アントチェアのスケッチ

石膏モデル(手前)とエッグチェアでデモンストレーションするヤコブセン

〈上〉　外観
〈中左〉ダイニング、リビング
〈中右〉洗面所
〈下〉　キッチン

クーブフレックスハウス

3
同時代のモダニストから
想を得たデザイン

　「過去の建築には必ずヒントがある。現代の建築にも盗むべきものがある」と述べていたヤコブセン[25]。彼は先例に倣うことを下敷きにし、一目置いていたモダニストの取り組みを自分流に応用して展開しています。たとえば「SASロイヤルホテル」とニューヨークの「レバーハウス」との類似はよく指摘されます。しかし彼は単に模倣しているのではなく、必ず応用させて自分のデザインとしているのです。それは一般に「本歌取りのデザイン」といわれるものですが、デンマークでは特に家具の分野でよく見られます。ヤコブセンもアカデミー時代、コーア・クリントによる過去の名作椅子を分析し、リデザインする手法を学んでいるはずです。研修旅行で古代建築を徹底的にスケッチさせられたのも、先例に倣うアカデミーの教育方針だったからです。

白い箱型建築：
ル・コルビュジエの機能主義×トーヴァル・ペーダーセン邸

　ル・コルビュジエは20世紀の最も偉大な建築家の1人です。彼はヤコブセンとは異なり、多くの言説を残しています。彼が、ル・コルビュジエというペンネーム[26]を名乗り始めたのは雑誌『エスプリ・ヌーヴォー』の創刊（1920）がきっかけでした。この雑誌に掲載された文章をまとめて、書籍『建築をめざして』（1923）が刊行され、その中にあの有名なフレーズ「住宅は住むための機械である」が掲載されました。また、整数比、黄金比、フィボナッチ係数などを組み合わせ、身体の各部分の寸法を基準にして生みだした「モデュロール」[27]という比例尺度を利用して、マルセイユの「ユニテ・ダビタシオン」[28]（1952）等を設計し、書籍『モデュロール』[29]

(1948) を出版しています。このようにル・コルビュジエの建築思想と建築形態は本の中の活字と図版を通じて、世界各国に広がっていきました。

ル・コルビュジエは1920年代に白い箱型のモダニズム建築を数多く手掛けています。「シトロアン住宅」[30] (1920) に始まり、「ラ・ロッシュ・ジャンヌレ邸」[31] (1924)、「サヴォワ邸」[32] (1931) 等です。彼は「サヴォワ邸」の完成をもって、一連の白い箱型住宅から離れていきますが、この様式は少し遅れて世界各地に伝播していきました。

デンマークで最初にル・コルビュジエの影響を受け、白いモダニズム建築を手掛けたのはヤコブセンやモーウェンス・ラッセンらです。彼らはデンマークでは従来存在しなかった豆腐のような白い箱型の建築を手掛けました。ヤコブセンは「自邸」(1929) からスタートし、「ローゼンボー邸」(1930)、「トーヴァル・ペーダーセン邸」(1933)、「ベラヴィスタ集合住宅」(1934) などを設計し、1930年代前半は後に「白いモダニズム時代」と呼ばれ、「北欧のル・コルビュジエ」と評されるようになります。しかし同時に伝統的な住宅も手掛けており、実際のところは100％白い箱型建築にのめりこんだわけではありませんでした。

ヤコブセンが手掛けた白いモダニズム建築の中で、最もル・コルビュジエの影響が強く見られる建築はノヴォ社の創業者トーヴァル・ペーダーセンの自邸です。ル・コルビュジエの提唱する「近代建築の五原則」[33] に基づき、ピロティ[34] などを取り入れてデザインしています。屋上には日除けのためのブリーズソレイユ[35] も取り入れています。この住宅は特に「ヴァイセンホフ・ジードルンク」[36] (1927) の影響が強いといわれています[37]。なぜならヤコブセンはその集合住宅を実際に訪ねているからです。

「トーヴァル・ペーダーセン邸」はT型プランの3階建て住宅で、小高い丘に立ち、海が望めるよう設計されています。実は生涯続くノヴォ社との関係は、この住宅からスタートしています。クライアントはよほど気に入ったのでしょう。トーヴァルの弟ハーラルも、後にヤコブセンに自邸の改築を依頼しています。ちなみにこのトーヴァル邸は現在、ルクセンブルグ大使館公邸として使用されています。

デンマークでは白いモダニズム建築を「フンキス」と呼んでいました。

〈上〉ル・コルビュジエのサヴォワ邸
〈下〉ル・コルビュジエのヴァイセンホフ・ジードルンク

〈上〉トーヴァル・ペーダーセン邸
〈下〉ベラヴィスタ集合住宅

「フンキス」はもともと 1930 年のストックホルム博覧会で生まれた言葉で「機能主義」を指します。ヤコブセンは当時「フンキス・アーキテクト」と呼ばれていましたが、1930 年代半ばになると、「フンキス」という言葉で括られることをとても嫌がり、次のように述べています。「機能主義とは元来、様式からの自由を言います。そして単純に機能そのものを指します。しかしデンマークでフンキスと呼ばれる建築は機能が欠如し、空虚であるにもかかわらず、（機能主義であると）勘違いしているのです」と[38]。ヤコブセンはデンマークの天候とル・コルビュジエ風のモダニズム様式は合わないとして、「フンキス」に対して批判的な態度を隠しませんでした。特にデンマークの厳しい冬は、鉄製の窓のフレームを凍らせ、大きな開口部はなかなか部屋を暖めてくれません。ただでさえ大きなガラス戸は通常の扉の 1.5 倍の価格なのに、暖房にかかる費用がさらに上乗せされます。屋上のテラスに出ることもなく、まったく無用なデザインに様変わりするのです。ヤコブセンは本来の機能主義に匹敵する建築の事例として、カイ・フィスカーとＣ・Ｆ・ムラー[39]によるコペンハーゲンの集合住宅などを挙げ、自分が手掛けてきた白いモダニズム建築との差異を述べました。言葉巧みに建築思想や形態を華やかに披露するル・コルビュジエとは異なり、ヤコブセンは言葉足らずでしたが、次第にル・コルビュジエ風の白いモダニズム建築から遠ざかっていきました。

開放的なインテリアデザイン：
　アスプルンドのヨーテボリ裁判所×オーフス市庁舎

　ヤコブセンは学生時代からグンナー・アスプルンドと親交があり、1940 年にアスプルンドが亡くなるまで、オフィスの行き来がありました。アスプルンドは 1930 年にストックホルム博覧会で北欧モダニズムを披露し、一躍世界にその名が知れ渡りました。ガラスと鉄という新素材でできた円形のパヴィリオンは、当時流行しつつあった未来型建築の典型で、このパヴィリオンを、ヤコブセンは憧れの目で眺めていたに違いありません。しかし博覧会以降のアスプルンドは、従来の新古典主義をベースとした建築形態に戻っていき、独自の建築様式を展開します。

そのアスプルンドが手掛けた作品の1つに、「ヨーテボリ裁判所」[40]の増築（1937）があります。ヤコブセンが「オーフス市庁舎」（1942）をデザインする際、敬愛するアスプルンドの「ヨーテボリ裁判所」を参照していたことは紛れもない事実です。「ヨーテボリ裁判所」の増築計画は、1913年のコンペで優勝後、発注者側から広場の整備計画の変更等があり、アスプルンドは何度も増築案を変更しています。外観ファサードは既存の建物を尊重したデザインになっていますが、増築部の中庭側のファサードは大きなガラス面となっており、内部空間へ自然光が差し込み、明るく清々しい近代的な空間を創出しています。エントランスを入ると、裁判所とは思えない開放的な明るい吹き抜け空間が広がっています。トップライトからやわらかな光が差し込み、エレベーターシャフトもガラス張りになっており、閉塞感がなく自然光がどこへでも行き渡るよう考慮されています。従来の裁判所は重々しい雰囲気が流れる権威的な建物がほとんどでしたが、アスプルンドは市民に開かれた明るい空間づくりを目指しました。周囲の壁面は木製のため、気持ちが自然と落ちつきます。雲のような形をした照明器具や太陽のような大きな木製の時計が目を引きます。全体的に曲線のデザインが多いのが特徴です。これらはすべて裁判所を訪ねる人の心理的状態を考慮して、デザインされています。たとえば大階段の勾配も何度もスタディを繰り返し、緩やかな段差としています。

　一方ヤコブセンも、「オーフス市庁舎」のデザインをコンペ案から変更しています。ヤコブセンは市民に開かれた場を目指し、権威の象徴というべき時計塔を不要と見なし、コンペ案では時計塔を排除していました。しかし先にも述べたように、市民から町のシンボルとなる時計塔のデザインを求められ、やむなく付け加えたという経緯があります。

　外観ファサードにはノルウェー産の大理石を用い、グリッドパターンの窓が整然と並んだデザインです。窓の割りつけはアスプルンドの手法を参照したといわれています。内部のインテリアには、木をふんだんに用い、やわらかな印象の大空間が広がっています。特にインテリア面で、「ヨーテボリ裁判所」との類似点を数多く指摘できるでしょう。白く塗られた柱、木製の壁面と床面、庭の木々を眺めることができる大きな開口部、天井か

グンナー・アスプルンドのヨーテボリ裁判所、エントランスホール

オーフス市庁舎、エントランスホール

ら燦々と自然光が降り注ぐトップライト、緩やかな勾配の階段、ぴかぴかに磨きあげられた手すり。これらは訪れた市民が気持ちよく過ごせるよう考えられたデザインです。

近未来的な屋根の開閉システム：
プルーヴェのクリシー人民の家×ベルビュー・シアター

　20世紀初頭のヨーロッパでは、一部の建築家、デザイナー、アーティストたちが、近未来志向に夢を託し、新しい造形の可能性を求めていました。ヤコブセンもそのうちの1人ですが、機械仕掛けの仕組みや可動するデザインに目をつけたのは彼だけではありませんでした。

　フランス人のジャン・プルーヴェ[41]はアールヌーヴォー[42]の中心地ナンシー[43]で育ち、ナンシー派アーティストの父を持ち、自らも最初は鉄細工職人としてスタートしています。彼は建築の教育を正式に受けておらず、自らを「建築家」ではなく「建設家（技術者）」と呼んでいました。いくつかのプロジェクトを協働で行ったル・コルビュジエもプルーヴェのことを「偉大なる建設家」と賛辞しています[44]。

　プルーヴェは鉄やアルミなどの金属を用い、飛行機や自動車などの機械仕掛けの仕組みを応用し、建築や家具のデザインに取り入れました。また工業生産のシステムから量産可能な建築のシステムを考案し、特にプレファブリケーションの開発に力を注ぎました。新素材のアルミに目をつけたのは、軽量であること、加工がしやすいこと、強度があることなど、工場生産に適していたからです。鉄細工職人からスタートしたプルーヴェならではの発想といえるでしょう。重量を減らすために開けられた丸い穴は、航空機のデザインを彷彿とさせ、未来的なデザインのイメージと重なります。晩年は「ポンピドゥーセンター」(1977)の審査員長として、レンゾ・ピアノ[45]とリチャード・ロジャース[46]の案を強く推したことで有名です。おそらく彼が求める理想的な建築像とふたりの提案が一致したのでしょう。装飾を一切排除し、構造体や設備がむき出しになった無機質なハイテク建築は、賛否両論の物議をかもしました。

　そのプルーヴェが設計した「クリシー人民の家」[47](1939)は、「元祖ハ

イテク建築」と呼ばれています。彼にとってそれは1つの実験の場であり、2つの新しい試みをしています。1つはファサードのモジュールをパネルの製造サイズで決めていること、そしてもう1つは開閉式の可動屋根です。工場生産されたパネルのサイズから建築の大きさを決めているのは、いかにもプルーヴェらしい合理性の表れです。そして屋根を自動開閉式にしたのも、機械にとりつかれていた彼の大胆な発想でした。

　一方、ヤコブセンは海沿いのリゾート地に「ベルビュー・シアター」(1937)を設計しています。近未来的なデザインにとりつかれていたヤコブセンが、ル・コルビュジエだけでなくプルーヴェの作品にも注目していたことは想像に難くありません。ヤコブセンは夏の期間限定のシアターで、天候によって屋根の開閉が可能なシステムを提案しました。晴天の時は屋根を開いて上演することができるオープンシアターです。プライベートでもクラシック音楽が好きで、映画館や劇場によく足を運んでいたヤコブセン。屋外で好きな演劇を見られたらどんなに気持ちのよいことかと趣味が高じて夏限定のシアターが設けられたのでしょう。電動で天井が開閉するシアターは今でも画期的だと思いませんか？

サマーハウスに見る北欧モダニズムの真髄：
　アスプルンド×アールト×ヤコブセン

　北欧に限らずヨーロッパではセカンドハウスを所有し、夏の間そこでヴァカンスを過ごすのが習慣になっています。特に北欧は日照時間の長い夏を、水際でゆったり過ごすことが多いようです。ヤコブセンもいくつかのサマーハウスを所有しています。アルヴァ・アールトやグンナー・アスプルンドも自らのサマーハウスを設計しています。ヤコブセンがそれらを参照していたのは、言うまでもないことでしょう。ふたりはヤコブセンにとって、最も尊敬し、最も注目していた北欧の建築家なのですから。

　アスプルンドは「サマーハウス」[48] (1937) を、ストックホルム郊外の海岸に近いステンネース[49]という地に設計しました。海に向かって傾斜する敷地に、海の眺めを意識して配置しています。リビング棟とメイン棟の2つの建物からなり、リビング棟を斜めに振っているのは、やはり海への視

ジャン・プルーヴェのク
リシー人民の家、開閉式
の屋根

ベルビュー・シアター
〈上〉 客席
〈下左〉屋根を開いているところ
〈下右〉屋根を全開したところ

グンナー・アスプルンドのサマーハウス

ヤコブセンのサマーハウス

線を考慮したものでした。外壁も内壁も白く塗り、さわやかに過ごすための夏の住まいをデザインしています。農家などその地のヴァナキュラーな建築をイメージし、大きなカーブを描く暖炉は農家のかまどをデフォルメしてデザインされました[50]。このフォルムは一度見たら忘れられない印象的な形で、ヤコブセンは「ベルビュー・レストラン」で小さいながら類似の、壁と連続したふくらみを持つ暖炉をデザインしています。

　アールトはヤコブセンとほぼ同時期にフィンランドで活躍し、お互いアスプルンドに畏敬の念を抱き、弟子入りしようとした経験があります。北欧に近代建築をもたらした最初の人物がアスプルンドだとすれば、アールトもヤコブセンもそれを受け、フィンランドとデンマークに機能主義建築を広めています。アールトも初期の頃は「トゥルクの集合住宅」(1928)、「パイミオのサナトリウム」(1933) などの白いモダニズム建築を手掛けています。「パイミオのサナトリウム」では、「パイミオチェア」(1931) といわれる背面と座面が1枚の板で曲面をなす椅子がつくられました。しかしこれは2次元での曲面にすぎず、ヤコブセンは、3次元曲面の椅子を実現しようと成型合板の椅子に挑戦します。このようにアールトとヤコブセンはお互い強く意識しあっていました。建築家としてのふたりの生涯の大きな相違点は、アメリカとの接点です。アールトはニューヨーク万国博覧会での「フィンランド館」(1939) の成功をきっかけに、アメリカの建築業界と関わりを持ち、フランク・ロイド・ライト[51]とも交流がありました。またマサチューセッツ工科大学の客員教授にも就任しています。ヤコブセンがアメリカに渡らなかった理由は、単に飛行機嫌いだったからといわれていますが、真相は不明です。

　アールトは、1926年にアラヤルヴィ[52]に妻アイノ[53]と過ごすためのサマーハウス、別名「ヴィラ・フローラ」[54]を設計しました。フローラとはアールトが愛していた継母の名前に由来しています。白く塗った木を積み重ねてつくられたヴィラは、リビングとキッチンとベッドルームだけを備えたミニマムサイズのものでした。このヴィラの特徴は、湖に面し、屋根付きの外部テラスを設けていることです。5本の丸柱からなるポルティコが均等に並んでいる様子が湖から望めます[55]。アールトの家族らは皆素っ

裸になって泳いだり、日光浴したり、夏の湖を楽しんでいたようです。特に1930年代は、妻アイノと子供らとよくこのヴィラを訪れ、1938年に2つのベッドルームを増築しています。アイノの死後（1949）は楽しい思い出が詰まったこのヴィラに訪れることはなくなったようです。その代わり「ムーラッツァロの実験住宅」（コエタロ）[56]（1952）を夏の別荘として使うようになりました。

　さてヤコブセンの「サマーハウス」（1938）ですが、このふたりの建築家のサマーハウスを意識しつつ、彼流のデザインを試みています。敷地はアスプルンドと同様、海へ向かって傾斜するロケーションにあります。そのため海への視線を重要と見なし、建物の配置や窓の位置を決定しています。2つの建物からなり、1つは緩やかな曲線を描いた2層のリビング棟、もう1つは1層のメイン棟です。リビング棟の1階はダイニングルーム、2階はリビングルーム、メイン棟はガレージ、ベッドルーム、キッチンなどで構成されています。これもアスプルンドの「サマーハウス」の構成とよく似ています。

　次にアールトの「ヴィラ・フローラ」との最も顕著な類似点として、屋根付きの外部テラスのデザインが挙げられます。アールトが湖に面したところにテラスを設けているのに対し、ヤコブセンは2つのテラスを設けています。1つは海側にある屋根なしのテラスで、その代わりにパラソルを設置しています。もう1つは建物の反対側にある屋根付きのテラスです。そこで行われる生活に必要なアクティビティを想定してデザインしています。洗濯物を干すこと、テーブルを出して食事をとることなどです。このようにヤコブセンは2種類の外部テラスを使い分けました。

　3人のサマーハウスに共通していえることは、いずれも外部の自然環境をうまくデザインに取り入れ、自然との共生を心がけていることです。それは北欧モダニズムの真髄といってもよいでしょう。

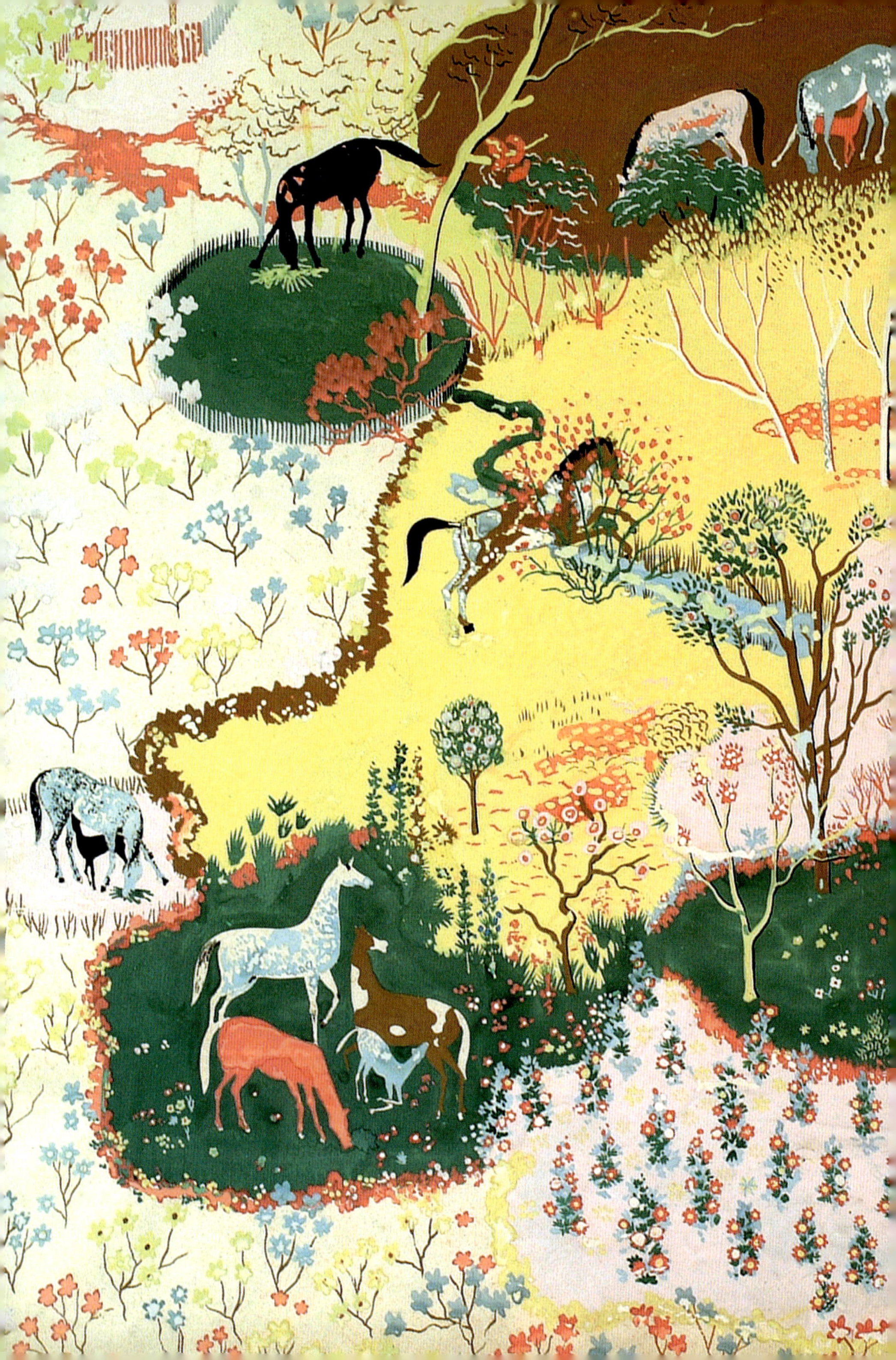

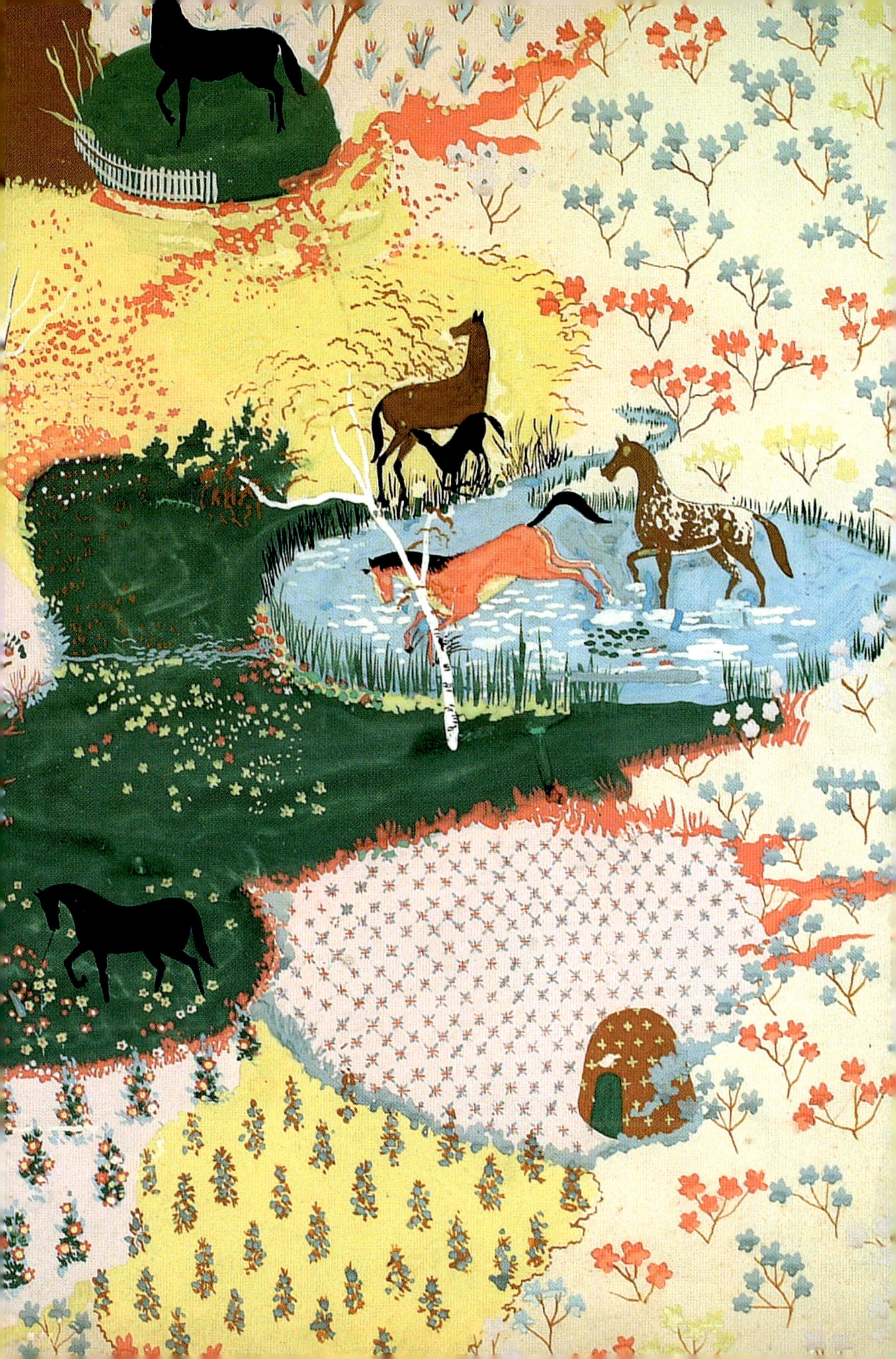

4
静なる緑のデザイン

　ヤコブセンの手掛けた建築を数多く見ていくと、他の建築家に比べて植物との関連性が強いことがわかります。インテリアとしての植物、建築と周辺のランドスケープとの関係、建築内部から望む自然の風景等、随所に彼の植物に対するこだわりが見られます。彼は晩年、口癖のようにこう語っていました。「もし生まれ変わるなら庭師になりたい」と[57]。

水彩画に描かれた樹木

　幼い頃から水彩画の才能に長け、将来は画家になることを夢見ていたヤコブセン。絵画だけでなく、陶芸や彫刻の才能もあり、持って生まれた美的感覚をあらゆる分野で発揮することになります。特に類まれな水彩画の才能は、建築設計において大いに役立つことになりました。現在のようにコンピュータ・グラフィックスがなかった時代、水彩絵の具やパステルで描く絵画は、イメージを膨らませる上で非常に有効でした。ヤコブセンは図面を引くことよりも水彩画で建築を表現しています。彼の描く水彩パース図は、建物だけでなく必ず周囲の樹木を忠実に再現し、実際の完成予想に限りなく近づけて表現しています。既存の樹木を手前に置き、建物とのスケール感をリアルに表現しているのが特長です。他の建築家が描く、単にスケール感を示すための樹木とはまったく表現方法が異なります。

　たとえば「スーホルム」の敷地には、当初から海沿いの道路脇に大きな樹木が植えられていました。ヤコブセンは既存の樹木を残す形で、「スーホルム」の配置計画を行っています。ヤコブセンが描くスケッチからわかるように、その大きな樹木は、「スーホルム」の入口のランドマークとなり

ました。そしてその周囲に刈り込んだ低木を植え、玄関までのアプローチを形づくっています。また「オーフス市庁舎」も、敷地内にあった既存の樹木をできるだけ残し、メインホールの大きなガラス窓から外部の緑を望めるデザインにしています。

　ヤコブセンの描く水彩画で手前に樹木が描かれている構図が多いのは、遠近感やスケール感を出すためと思われますが、その一方で既存の樹木に対する配慮や優しいまなざしも見てとれます。ヤコブセンが自然環境との調和を重要視していたことが水彩画を通してわかるでしょう。

テキスタイル・デザイン、壁紙に描かれた植物

　ヤコブセンの2番目の妻ヨナ・ムラーは、テキスタイル・デザイナーでした。第2次世界大戦中、スウェーデンに亡命していたふたりは、建築設計の仕事がほとんどなかったため、テキスタイル・デザインを数多く手掛け収入源としていました。彼の手になるドローイングを妻がシルクスクリーンにプリントしていくという共同作業です。そしてストックホルムにある老舗の百貨店NKデパートで展示即売会も行っています。初期に制作した作品に馬を描いたものがあります。戦時中とは思えない夢のような平和な世界観が広がっています。ヤコブセンには2人の息子がいましたが、亡命中は別れた妻の元に残し、離れて暮らしていました。ここに描かれている馬の親子は祖国に残してきた家族に対する慕情の表れであり、ピンクやイエローのパステルカラーの色彩は未来に対する明るい希望を示しているのではないでしょうか。

　これ以外のヤコブセンのテキスタイル・デザインのほとんどは、植物をモチーフにしたものです。植物をじっくり観察することで、その構造原理を読みとり、そこから幾何学的要素を抽出し、デザインに取り入れています。最初は植物の模写をパターン化することからスタートしていますが、次第に幾何学的模様を繰り返すデザインへと変化しています。彼のデザインは、カーテン、絨毯、壁紙、ファブリックなどに用いられました。テキスタイル・デザインを通じて培われた細かなものに対する目と感性は、戦後

ヤコブセンが描いた水彩パース図
〈上〉　スーホルム
〈下左〉アレフースネ集合住宅
〈下右〉ムンケゴー小学校

ヤコブセンがデザインしたテキスタイルや壁紙(p.128〜129、133)

のプロダクト・デザインの製作に大いに貢献することになります。

インテリアとしての緑の植栽

◆窓辺のプランター

　ヤコブセンが幼少の頃暮らした家では、母親の趣味でいつも花があふれていました。ヤコブセンが植物好きになったのも、母譲りといえるでしょう。
　ヤコブセンは最初の自邸設計の際、植物を置くためのプランターをデザインしています。それは最も日当たりのよいリビングルームに配置されました。幼少の頃よりたくさんの植物に囲まれて育ったヤコブセンが、植物のためのスペースを設計したのは当然の成り行きといえるでしょう。
　自邸のほかにも「ローゼンボー邸」「ハーラル・ペーダーセン邸」など初期の住宅の多くにも、窓辺にプランターが設置されています。建築内部に常緑を固定させるアイディアは住宅だけにとどまらず、「ノヴォ社」のオフィスでも取り入れられています。おそらく暗く長い冬の間、多くの時間を室内で過ごすデンマーク人にとって、照明や家具が重要視されたのと同様、緑をインテリアの一部として室内に設置したのではないでしょうか。

◆ガラスケースと温室

　さらに発展して、ヤコブセンは植物のための温室を設けるようになります。たとえば最初の自邸は翌年にオフィス棟を増築しますが、その際、オフィスに隣接して温室を設けています。それはちょうど自分のデスクから温室内部が見える配置でした。このことから、常に緑を望める環境にいたいという理想を掲げていたことがわかります。
　また植物用のガラスケースも、住宅のみならず、商業施設のインテリアに応用されています。「SAS ロイヤルホテル」「デンマーク国立銀行」では、上部からフラワーポットが吊り下げられたガラスケースが設置されました。天井からのトップライトを浴びたガラスケースが幾重にも連立する姿が印象的です。ガラスケースはまばゆい光の束となり、宙に浮かぶ蘭が妖艶な姿をのぞかせています。

ヤコブセンが暮らしていた当時のスーホルムの自宅。ダイニングに貼られたサボテンのポスター(左)、リビングに置かれたサボテン(右)

◆ オブジェとしてのサボテン

　ヤコブセンは無類のサボテン好きでした。「自邸」や「サマーハウス」には必ずサボテンを置き、壁にはポスターまで貼っていました。最初の自邸に設置された銅板のプランターは、まさにサボテンを置くためのものです。水を与えなくても済むサボテンは手入れが簡単で、常夏のシンボルでもあります。種類も豊富ですが、ヤコブセンは特に丸い形のサボテンを気に入っていたようです。それは観葉植物というよりも、緑の彫刻的存在だったのではないでしょうか。「この世で一番美しい植物」とヤコブセンは賞賛しています。

エクステリアとしての緑の植栽

◆ 建物の表層の蔦

　夏のためのシアターとしてオープンした「ベルビュー・シアター」は、眼下に真っ青な海が開け、青い空を背景に白い姿を際立たせています。ヤコブセンはさらに緑を加えようと、白い外壁にトレリス[58]を設け、蔦を這わせています。この蔦を這わせるデザインは、自邸の「サマーハウス」でも取り入れられ、白い壁とのコントラストを狙いました。1930年代に建て

〈上〉　デンマーク国立銀行の植物用ガラスケース
〈中左〉自邸の植物用プランター
〈中右〉ハーラル・ペーダーセン邸のサボテン用ガラスケース
〈下〉　自邸に増築された温室

〈上左〉ヤコブセンのサマーハウスのトレリス
〈上右〉蔦で覆われたベルビュー・シアターのトレリス
〈下〉 ロドオウア図書館の中庭

られた白いモダニズム建築のいくつかは、このように建物の白色と植物の緑色とのコントラストをあえて出しています。この手法はル・コルビュジエには見られないものですが、北欧の建築家アルヴァ・アールトはしばしば用いていました。

◆中庭のデザイン

　ヤコブセンが手掛けた建築の中でも特にユニークな建物配置を行っているのは、「ムンケゴー小学校」と「ロドオウア図書館」で、両方とも中庭を囲むプランです。特に「ムンケゴー小学校」では教室ごとに中庭のデザインを変えています。敷石の大きさと形、植栽の種類、彫刻やオブジェはそれぞれ異なります。この中庭はそれぞれの教室のプライベートな外部空間として利用されています。

　また太陽光の日照角度が低い北欧では、窓の配置とデザインが重要です。前章で説明しましたが、「ムンケゴー小学校」や「ロドオウア図書館」では、ハイサイドから自然光が入る窓がデザインされています。さらに照度を確保するため、できる限り自然光を取り入れようと中庭型のプランにしているのです。中庭型教室、中庭型図書館とは、いかにも自然を愛していたヤコブセンらしい提案といえるでしょう。

◆ランドスケープ・デザイン

　ヤコブセンはテキスタイル・デザインに幾何学的パターンを取り入れていますが、ガーデン・デザインにも、円形や扇形などの幾何学的形態を用いています。「ハーラル・ペーダーセン邸」の改築（1937）では、住宅内部にプランターやサボテンのためのガラスケースを設置し、ガーデンテラスも設けました。そして何よりも大きな業績は、広大な敷地のランドスケープ・デザインです。「ハーラル邸」は緩やかな傾斜地に建ち、湖にまで通じる広大な敷地を有していました。ヤコブセンはそこにあえて幾何学的デザインを取り入れ、人工的に盛土をして円形の植栽スペースを設けています。ガーデンテラスからヘアピンカーブの坂道を下ると広々とした庭園に達します。また弧を描いた扇形の温室と同じく扇形の人工池、その周辺には

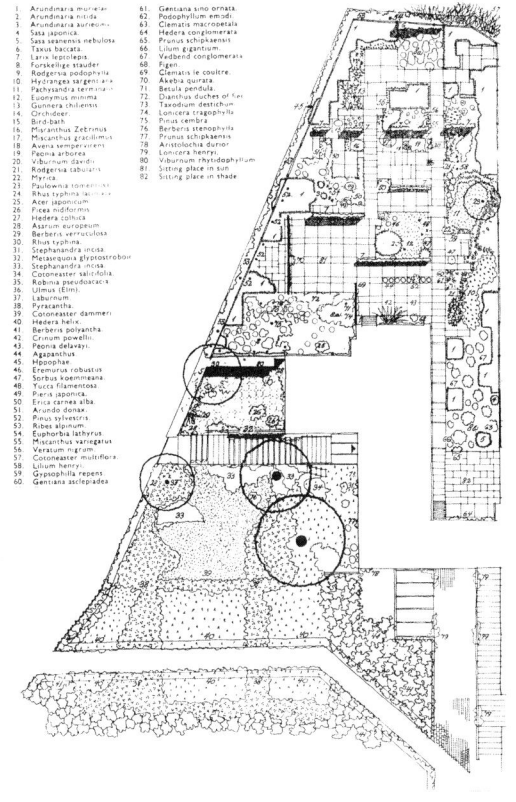

〈上左〉ハーラル・ペーダーセン邸
の庭園計画
〈上右〉スーホルムIの自邸の庭を
撮影するヤコブセン
〈下〉 スーホルムIの自邸の庭の
の植栽計画

〈上〉スーホルムⅠの自邸の庭
〈下〉ハーラル・ペーダーセン邸の庭園。白い扇形の建物が温室

〈上〉 屋上庭園
〈下左〉円形のビオトープと下階の植物用ガラス
　　　ケースのための明かりとり
〈下右〉巨大な盆栽のように刈り込まれた植栽

デンマーク国立銀行

スーホルムIのスケッチ

円形のビオトープが点在しています。

◆ 自邸の庭での実験

　四つん這いになってカメラのファインダーを覗きこむヤコブセン。これは自邸「スーホルム」の庭を撮影しているヤコブセンの姿です。彼の周りはまだ何も植えられていないことから、おそらく庭をデザインする前のものでしょう。1950年に建てられた「スーホルムⅠ」は、海を望む景観と日当たりを考慮して、雁行するデザインが取り入れられました。各住戸には専用のプライベートガーデンが設けられています。

　ヤコブセンの専用庭の特徴は、植物によってつくられた高低差のあるパーティションによって囲まれた箱庭的空間です。彼は植栽の位置にこだわり、単一な空間とならないよう工夫を凝らしています。300平方メートルあまりの庭に、全部で300種以上の植物が植えられていました。これらの多くはデンマークの野生では見られない品種で、輸入されたものです。彼は多種多様な形、色、構造を持つ葉を選択し、実験的に植栽しています。特にシダや竹を好んでいたようです。珍品種の仕入れやガーデニングの配置は、友人の庭師がアドバイスしていました。ヤコブセンの庭はさながら植物図鑑のような世界が形成されていました。植物が花開く時期は美しい絵画的風景が広がり、ヤコブセンの心を満足させたに違いありません。ヤコブセンは設計の合間に時間を見つけては庭の手入れをし、完璧な庭づくりを目指し、実験し続けました。

◆デンマーク国立銀行の日本風庭園

　「デンマーク国立銀行」には3つの屋上庭園があります。高層のオフィス棟には四面をガラスで囲まれた2つの中庭。それはまるで日本庭園を彷彿とさせる庭です。低木と人工植生のプランターを組み合わせて構成されています。ここにも円形のビオトープがあり、グリーンの色彩の中に水色のアクセントを加えています。ヤコブセンの見事な演出が植栽計画に表われています。低層の建物の屋上にも庭園が広がっています。刈り込まれた植栽はまるで巨大な盆栽のようです。ヤコブセンは晩年、日本の盆栽の影響を強く受けました。それもそのはず、彼の友人の庭師は盆栽のコレクターだったからです。またヤコブセンの書斎にはアジアや日本に関する書物がたくさん並んでいました[59]。

　これらの庭園は外部からは望めません。街の喧騒からまったく独立した異空間が存在することは、外部の人にはほとんど知られていません。この銀行に働く職員だけが独占できる秘密の空間なのです。特にオフィス棟で囲まれた中庭は、ヤコブセンの小宇宙ともいうべき世界が広がっています。これはまさしくヤコブセンが手掛けたガーデン・デザインの集大成といえるのではないでしょうか。

　ヤコブセンが執拗なまでに生涯にわたりこだわり続けた緑のデザインは、室内にサボテンを置くことから始まり、その後温室やガラスケースのデザインへと推移しています。冬期に日照時間が極端に短くなるデンマークにおいて、ヤコブセンは常に緑あふれる生活に憧れていたのでしょう。自然界では冬枯れしてしまう緑に対して、人工的に育成する装置を室内に設け、それを愛でるライフスタイルを願っていたに違いありません。最終的に「デンマーク国立銀行」の庭園において、盆栽からインスパイアされた人工的な植栽デザインを施し、彼が理想として追い求めた「緑で形成された小宇宙」を見事に結実させたといってよいでしょう。

注釈

【Chapter 1】

1) Arne Emil Jacobsen（1902 — 1971）：デンマークを代表する近代建築家、デザイナー。実際の読み方は「アルネ」ではなく「アーネ」が正しいが、混乱を避けるため、本書では日本で親しまれている「アルネ」と表記した。人名、地名のカタカナ表記に関しては「デンマーク語固有名詞カナ表記小辞典」『IDUN―北欧研究』（新谷俊裕、大辺理恵、間瀬英夫編）をもとに、実際の読み方に近づけるよう心がけた。
2) The Ant（1952）：FH3100。
3) The Seven series（1955）：FH3107、3207、3117、3217、3137。
4) The Egg（1958）：FH3316。
5) The Swan（1958）：FH3320。
6) 2009年のデンマーク統計局の発表によると551万人。
7) Bang & Olufsen：1925年創業以来、高級オーディオ製品を中心に優れた技術力とデザイン力で世界一流の製品をつくり続けている。
8) LEGO：デンマークの玩具メーカー。最初は木工家具からスタートし、木製玩具を製作していたが、プラスチック製の組み立てブロックが大ヒットし、現在も世界で不動の人気を集めている。
9) Royal Copenhagen：デンマークの陶磁器メーカー。日本の有田焼の影響を受け、すべて手書きで絵付けされた青い絵が特徴である。デンマーク王室御用達で、現在も公式晩餐会で使用されている。
10) ECCO：1963年に創業したデンマーク王室御用達のシューズメーカー。革新的なコンフォート・シューズとして世界中で親しまれている。
11) Novo Nordisk：世界的に有名な医薬品会社。1920年代にインシュリンの開発を行っていたデンマークの2つの組織 Novo Terapeutisk Laboratorium と Nordisk Insulinlaboratorium が1989年に合併したもの。その後、2000年に買収され Novozymes と社名を変えたが、現在は Novo Nordisk と Novozymes に分かれて業務を行っている。本書ではヤコブセンと親交のあった Novo Terapeutisk Laboratorium に関して述べる。
12) Bauhaus：1919年にドイツのワイマールに設立された、美術や建築に関する総合芸術学校。ヴァルター・グロピウスが初代校長を務める。1925年にデッサウに移転する。1928年にハンネス・マイヤーが校長に就任。1930年にはミース・ファン・デル・ローエが校長に就任するが、1932年にデッサウ校は閉鎖し、ベルリンへ移る。しかし翌年、ナチスによって閉校となる。
13) Hans J Wegner（1914 — 2007）：デンマークを代表する家具デザイナー。ドイツとの国境の町トゥナーの出身。13歳から家具職人の元で修行を積み、17歳で指物師としての資格を得てから芸術工芸学校で家具を学ぶ。1940年から43年にかけてヤコブセンの事務所で働く。1943年にデザインした「チャイニーズチェア」が大ヒットし、1949年にアメリカの大統領選に出たジョン・F・ケネディ大統領が座った「ザ・チェア」が話題を呼ぶ。翌年発表された「Yチェア」は代表作となり、世界で最も売れた椅子といわれ、現在も世界中の人々に親しまれている。
14) Finn Juhl（1912 — 1989）：デンマークのミッドセンチュリーに活躍した家具デザイナー。王立芸術アカデミーで建築を学ぶ。卒業後、ヴィルヘルム・ロウリッツェンのオフィスで働く。1940年に「ペリカンチェア」を発表し、話題を呼ぶ。彫刻的な有機的フォルムが特徴の名作椅子を数多く生みだしている。優れた木工技術を持つ名匠ニールス・ヴォッダーというパートナーに恵まれ、二人三脚で家具の製造販売を行った。ニューヨークでは近代美術館のキュレーター、エドガー・カウフマン・ジュニアと出会い、生涯を通じての親友となる。2009年より自邸がオードロブゴー・ミュージアムの展示として一般公開されている。
15) Klampenborg（地名）
16) Flemming & Mogens Lassen：フレミング・ラッセン（1902 — 1984）、モーウェンス・ラッセン（1901 — 1987）は兄弟ともヤコブセンの幼馴染みで建築家。フレミングはヤコブセンと共に「スレルズ市庁舎」などを手掛ける。モーウェンスはル・コルビュジエの影響を受け、白い箱型のモダニズム建築をデンマークにいち早く紹介し、注目を集めた。
17) Royal Danish Academy of Fine Arts：1754年に設立された、デンマークで最も由緒ある芸術学校で、優れた芸術家や建築家を数多く輩出している。
18) Kay Fisker（1893 — 1965）：デンマークの偉大な近代建築家。王立芸術アカデミーの教授として1936年から63年まで教鞭をとる。ヤコブセンだけでなく、ヨーン・ウッツォンなども彼に師事し、彼らに与えた影響は大きい。代表作に「オーフス大学」（1933）など。
19) Ivar Bentsen（1876 — 1943）：デンマークの建築家。コーア・クリントと共に病院を改修した「工芸博物館」（1926）の設計を行う。黄金比や比例に基づいて設計を行った。
20) Kaj Gottlob（1887 — 1976）：デンマークの建築家。1924年から38年まで王立芸術アカデミーで教鞭をとる。新古典主義様式の学校などの公共建築を数多く手掛けた。
21) Erik Gunnar Asplund（1885 — 1940）：スウェーデンの偉大な建築家。生涯にわたって実現した作品は少ない。代表作に「スネルマン邸」（1918）、「森の礼拝堂」（1920）、「ストックホルム市立図書館」（1928）など。
22) Kaare Klint（1888 — 1954）：デンマーク近代家具デザイナーの代表格。「グルンドヴィ教会」

(1940) を設計したイェンセン・クリントは父親で、彼は教会の椅子「チャーチチェア」(1936) を手掛けている。古典家具を分析し、リデザインする手法に取り組みつつ、人間工学的なアプローチで家具のデザインを行っている。

23) Le Corbusier (1887 — 1965)：スイス生まれのフランスで活躍したモダニズムを代表する建築家。1928年の第4回 CIAM（近代建築国際会議）に参加し、中心的メンバーとしてその後も活動を行う。代表作「サヴォワ邸」(1931) は、自らの提唱した「近代建築の五原則」が最も顕著に表れている作品である。晩年の代表作「ロンシャンの教会」(1955) では、コンクリートで有機的な造形を表現している。日本では「国立西洋美術館」(1959) の設計を行う。

24) Konstantin Melnikov (1890 — 1974)：ロシアの建築家。ロシア構成主義の建築を手掛ける。代表作は「自邸」(1929) で、円柱に六角形の窓が規則的に配置されているのが特徴。

25) その年は正式にはゴールド・メダルではなく、スモール・ゴールド・メダルとして建築部門のNo.1に選ばれた。

26) Vilhelm Lauritzen (1894 — 1984)：デンマークの建築家。王立芸術アカデミーで建築を学び、1928年に事務所を設立し、現在も同名で事務所は経営されている。代表作に「コペンハーゲン空港ターミナル」(1936)、「ラジオハウス」(1941)、「コペンハーゲン空港」(1962) がある。

27) Erik Møller (1898 — 1988)：ヤコブセンと共に「オーフス市庁舎」(1942) を共同設計したことで知られる。

28) Jørn Utzon (1918 — 2008)：デンマークの建築家。「シドニー・オペラハウス」(1973) の設計で世界的に有名となる。

29) Marie Jelstrup Holm (1902 —没年不明)：ヤコブセンの最初の妻。

30) Poul Henningsen (1894 — 1967)：デンマークのデザイナー。建築家としてスタートしているが、彼の関心は照明器具へと向かった。その傍ら批評家としても文筆活動を行う。ルイスポールセン社で取り扱っている「PHランプ」(1925) は世界的に知られる。

31) Johan Jacobsen：ヤコブセンの長男。

32) DVD "Arne Jacobsen Grand Old Man of Modern Design and Architecture"（出演：アルネ・ヤコブセン、監督：スヴェンド・エリック・オーレンシュレッガー、2004）より。

33) Carsten Thau & Kjeld Vindum, *Arne Jacobsen*, Arkitektens Forlag/The Danish Architectural Press, 2001 より。

34) Alvar Aalto (1898—1976)：フィンランドを代表する近代建築家。CIAM でル・コルビュジエらと知りあう。「パイミオのサナトリウム」(1933) で北欧近代建築を広く知らしめることになる。代表作に「マイレア邸」(1939)、「ヘルシンキ工科大学」(1966)、「セイナッツァロの役場」(1952)、「夏の家（コエタロ）」(1953)、「フィンランディアホール」(1971) など多数。ヤコブセンとほぼ同時期に活躍し、お互いに北欧で独自の近代建築を展開する。

35) Carsten Thau & Kjeld Vindum, *Arne Jacobsen* より。

36) Jonna Møller：アルネ・ヤコブセンの2番目の妻。2人の連れ子と共にヤコブセンと再婚。テキスタイル・デザイナーであった。

37) Hannes Meyer (1889 — 1954)：スイスの建築家。バウハウスの2代目校長を務める。バウハウスから追われた後、生徒と秘書を連れてソビエトに身を隠す。社会主義のユートピア思想のもと、建築を手掛ける。ソビエトでヤコブセンと出会う。その後ソビエトも追われ、故郷のジュネーブに戻るが、1942年から49年までメキシコシティに移住する。最後はスイスに戻り、没す。

38) 対岸のランドクローナ (Landskrona)。

39) DVD "Arne Jacobsen Grand Old Man of Modern Design and Architecture" より。

40) Strandvejen（通り名）

41) Ellen Waade (1932 —)：デンマークの建築家。王立芸術アカデミーで建築を学び、1966年にヤコブセンの事務所に入所。プレファブリケーションのシステム住宅「クーブフレックスハウス」(1970) などを担当する。独立後、デンマーク鉄道 (DSB) の「ホーエ・トーストルプ駅」(1986) の設計やフィンランド・ロヴァニエミにある「北極圏博物館（アルクティクム）」(1992) などを共同設計。

42) Vilhelm Hammershøj (1864 — 1916)：デンマークの画家。室内画を数多く手掛けている。アパートにいる妻イーダの後ろ姿を描いたものが多い。

43) DVD "Arne Jacobsen Grand Old Man of Modern Design and Architecture" より。

44) The primary factor is the proportion. It is precisely the proportions that make the Greek temples classical in their beauty. They are like large blocks in which the air has literally been dug out between the columns. And when we look at a building, be it baroque, Renaissance or contemporary, the ones that we look at most, the ones we admire, are all well proportioned, this is an extremely crucial matter. The second thing is texture, not combining materials in an inappropriate way. And of this last, of course, the colour, by and large what is the general impression that the building produces.

【Chapter 2】

1) Carsten Thau & Kjeld Vindum, *Arne Jacobsen* より。

2) Autogiro：ヘリコプターが登場する以前の1923年

Notes

に初飛行した航空機の一種。ヘリコプターと異なり回転翼に動力はない。ちなみにヘリコプターが初飛行したのは1937年。

3) 『建築をめざして』(Vers une architecture、フランス、1923) は『エスプリ・ヌーヴォー』誌 (L'esprit Nouveau) 等の記事をまとめたもの。日本では鹿島出版会のSD選書から吉阪隆正の翻訳で出版されている。

4) Futurism：20世紀初頭にイタリアで興った前衛芸術運動。機械や工業のテクノロジーを芸術に取り入れた先駆的な活動を行った。未来派の芸術運動は、その後のロシア構成主義芸術や、ダダイズムの画家たち、現代音楽や演劇・バレエなどに伝播し、さまざまなジャンルで展開された。

5) Constructivism：1917年のロシア革命以前からソビエトで始まった芸術運動。キュビズムやシュプレマティズムの影響を受け、絵画、彫刻、建築、写真などの分野で展開していった。抽象性のある立体作品が多いのが特徴。1930年代の社会主義リアリズムの台頭により衰退していく。

6) Streamline：アメリカで興った流線形のデザインの流行現象。力学の原理を使って設計された機関車からブームとなっていった。

7) DVD "Arne Jacobsen Grand Old Man of Modern Design and Architecture" より。

8) ヤコブセンの円形建築の構想はその後も続き、シャルロトンルンドのダンスホール (1934、実現せず) を経て、1956年にようやくシェランズ・オッデの「円形住宅」で実現している。

9) ヨーラン・シルツ著、田中雅美・田中智子訳『白い机：モダン・タイムス―アルヴァ・アアルトと機能主義の出会い』鹿島出版会、1993 より。

10) Richard Buckminster Fuller (1895―1983)：アメリカの建築家、デザイナー、発明家。「フラードーム」と呼ばれるスペース・フレームの原理を使ったドームを多様に展開していった。材料はコストのかからない軽量なものが選ばれ、実験を繰り返し行った。住宅のプロトタイプとして「ダイマキシオン・ハウス」(1927) が有名。

11) Ludwig Mies van der Rohe (1886―1969)：20世紀のモダニズムを代表するドイツの建築家。バウハウスの第3代校長を務めるが、1933年バウハウスが閉鎖されると、アメリカに亡命する。1950年、ガラスで囲まれた「ファンズワース邸」を設計。"Less is more" という有名な言葉を残している。

12) Barcelona Pavillion (1929)：ミース・ファン・デル・ローエがバロセロナ万国博覧会のドイツ館として設計したパヴィリオン。会期終了後、解体されるが、1986年再建される。ガラスと鉄骨と大理石でできたミニマムな空間。20世紀の最高傑作といわれている。

13) Barcelona Chair：1929年のバルセロナ万国博覧会のパヴィリオンのために製作された椅子。X型の鉄の脚が特徴。

14) Salon d'automne：毎年秋にフランスのパリで行われる展覧会。1903年にマティス、ルオー、ボナールらが参加してスタートしたもの。

15) Charlote Perriand (1903―1999)：1927年にル・コルビュジエの事務所に入り、コルビュジエの甥のピエール・ジャンヌレと共同で家具のデザインを手掛ける。コルビュジエの事務所で働いていた坂倉準三とは生涯を通じて交流があり、坂倉の計らいで1940から2年間日本に滞在した。

16) Chaise Longue：ル・コルビュジエが「休養のための機械」と呼んだ世界で最も有名な寝椅子。コルビュジエ、ピエール・ジャンヌレ、シャルロット・ペリアンの3人によって1928年にデザインされ、翌年のパリのサロン・ドートンヌに出展された。

17) MR Chair：1927年のヴァイセンホフの展覧会で発表された椅子。スチールパイプを緩やかな円を描くようにして折り曲げ、シートに弾力性を与えている。片側に荷重を支えるキャンティレバー構造となっており、見た目にも軽快なデザインである。

18) Ordrup（地名）

19) Vernacular：その土地の土着的な建築。

20) National Romanticism：ヨーロッパの古典主義に対し、独自の民族的なローカリズムから発生したもの。特に北欧ではヨーロッパと異なるアイデンティティを確立させようと、厳しい自然環境のもとで根づいた文化や伝統から特有の地域性を目指した。

21) 当時のデンマークでは、新古典主義の建築家、ニコライ・アビルガーが設計した「スプルヴェスクル邸」(1805) がカントリーコテージの模範とされていた。このほか、アスプルンド設計の「スネルマン邸」(1918) もまた、ヤコブセンや他の北欧の建築家に影響を与えている。

22) 2003年に設立されたデンマークの財団。近代建築遺産を保存・維持管理している。ヤコブセンの最初の「自邸」、晩年の「自邸」はともにRealeaの所有である。

23) Monrad-Aas house：ヤコブセンはオードロブに7軒の「モンラド・オース邸」を設計している。クライアントのオース氏は「マットソン乗馬クラブ」のオーナーで、後にヤコブセンに乗馬クラブの設計を依頼している。

24) Portico：天井のある回廊、柱廊。

25) Tisvilde（地名）

26) Hellerup（地名）

27) Walter Adolph Georg Gropius (1883―1969)：ドイツの建築家。バウハウスの創設者であり、初代校長 (1919―1928) を務めた。

28) Ernst May (1886―1970)：ドイツの建築家、都市計画家。フランクフルト市で住宅計画都市マスタープランを策定。戦時中はソビエトへ渡る。女

性建築家マルガレーテ・シュッテ＝リホツキーと共同で開発した台所の近代化、合理化を図った「フランクフルト・キュッヘ」が有名。
29) Viipuri Library：波打つ天井は木板でできており、講義室の音響効果を高めるためのデザイン。ヴィープリは現在ロシア領。
30) その後ヤコブセンは同様の高層タワーをドラウアのビーチで実現させるが、これは単なる監視塔でレストランは付属していない。
31) Canopy：庇。
32) 終戦直後、住宅ローンの基準は床面積が最大でも110平方メートルという値で、スーホルム設計に際してはその条件が前提となった。
33) Poul Ove Jensen：クウェートのプロジェクトや、プレファブリケーションのシステム住宅「クバドラフレックスハウス」（1971）の開発に関わる。今もヤコブセンの仕事を引き継いだ Dissing + Weitling の事務所で橋の構造設計のリーダーとして働く。
34) Thorvald Pedersen：ノヴォ社の創業者の１人。化学者であった。
35) Harald Pedersen：ノヴォ社の創業者の１人。技術者であった。
36) Charles & Ray Eames：チャールズ・イームズ（1907―1978）とレイ・イームズ（1912―1988）はアメリカのデザイナー、建築家。1941年にふたりは結婚し、成型合板、プラスチック、金属などを用いて、3次元曲面の椅子の制作に成功する。椅子以外にも大量生産可能な工業製品の開発に取り組む。骨折時に使う添え木は海軍で大量に使われ、15万本以上製造された。「自邸」（1949）はケース・スタディ・ハウスとして有名。
37) Fritz Hansen：1872年に創業したデンマークの家具製造会社。ヤコブセン、ハンス・J・ウェグナー、ポール・ケアホルムなどの名作椅子のほか、最近のデザイナーとコラボレーションした家具も製造販売している。
38) 所員ポール・オーヴ・イェンセンのヒアリングより。
39) Carl Petersen（1874―1923）：デンマークの建築家。王立芸術アカデミーの教授を務める。代表作に「フォーボー・ミュージアム」（1915）。
40) Faaborg Museum：1915年に建てられたフュン島の南にあるアートミュージアム。コーア・クリントの椅子「フォーボーチェア」（1914）はこの美術館のためにつくられたもの。
41) Michael Gottlob Bindesbøll（1800―1856）：デンマークの建築家。王立芸術アカデミーで建築を学び、ヨーロッパ各地を旅し、シンケルなどの建築に影響を受ける。代表作に「トーヴァルセン・ミュージアム」（1848）がある。
42) Thorvaldsen Museum：1848年に設立された、彫刻家ベーテル・トーヴァルセンのコレクションを集めたミュージアム。彫刻のためのスケッチやドローイングなどもコレクションの一部である。カラフルな色使いが特徴。外部からの採光の取り方など、デンマーク建築界に一石を投じた建築。
43) Christian Frederik Hansen（1756―1845）：デンマークの偉大な古典主義の建築家。「デンマークのパラディオ」と呼ばれていた。代表作に「聖母教会」（1829）。
44) スウェーデンのエリック・ブリュッグマン、グンナー・アスプルンド、シーグルド・レヴェレンツ、デンマークのカイ・フィスカー、ポール・ヘニングセン、ヴィルヘルム・ロウリッツェン、ヨーン・ウッツォンら。
45) Martin Nyrop（1849―1921）：デンマークの建築家。「コペンハーゲン市庁舎」（1905）を設計し、ナショナル・ロマンティシズム建築様式を広める。
46) Glostrup（地名）
47) Rationalism：イタリアで興ったファシズム体制下での建築様式。そのなかでもジュゼッペ・テラーニの「カサ・デル・ファッショのための塔」（実現せず）や、イグナチオ・ガルデラの「ミラノのドーモ広場のための塔」のコンペ案などを参照した。
48) Hagedorn Olsen（1902―1996）：デンマークのアーティスト。
49) Albert Naur（1889―1973）：デンマークのアーティスト。
50) コペンハーゲンの12月の日の出および日没時間は8時半と15時半で、日照時間はわずか7時間。7月は逆に、4時半と22時で日照時間の長い1日となる。ちなみに東京の12月の日の出および日没時間は6時半と16時半で日照時間は10時間、7月は4時半と19時となっている。
51) Hans Christian Andersen（1805―1875）：デンマークの国民的文学者。「みにくいあひるの子」「マッチ売りの少女」「人魚姫」などの童話が人気。
52) Kingo Houses（1960）：池を中央に配し、雁行型に各住戸が建ち並んでいる。美しい自然と一体化した配置計画が集合住宅の規範とされた。
53) DVD "Arne Jacobsen Grand Old Man of Modern Design and Architecture" より。
54) Carsten Thau & Kjeld Vindum, *Arne Jacobsen* より。
55) Carsten Thau & Kjeld Vindum, *Arne Jacobsen* より。
56) SOM, Skidmore, Owings & Merrill LLP（1936―）：アメリカの建築設計事務所。ルイス・スキッドモア、ネイサン・オーウィングズ、ジョン・メリルによって1936年に創業。
57) Lever house（1952）：アメリカ・ニューヨークにある超高層ビル。SOM設計のアメリカ初のガラスのカーテンウォール建築。
58) 改築の際、ガラスケースは取り除かれてしまい現存していない。

59) Grundtvigs Kirke（1940）：国民高等学校を創設したニコライ・フレデリック・セヴェリン・グルンドヴィを記念してつくられた、パイプオルガンの形態をした教会。貝殻の比例などを設計の要素に取り入れている。イェンセン・クリントが設計し、亡くなった後は息子のコーア・クリントが引き継ぐ。コーア・クリントのデザインした「チャーチチェア」（1936）が有名。さらにコーアの息子エスパンが照明をデザインしている。
60) Hans Dissing（1926－1998）：王立芸術アカデミー卒業後、ヤコブセンの事務所に入所。多くのプロジェクトに関わる。ヤコブセンの死後、オットー・ヴァイトリングと共に"Dissing + Weitling"を設立し、業務内容を引き継いだ。
61) Otto Weitling（1930－）：王立芸術アカデミー卒業後、ヤコブセンの事務所に入所。主にドイツのプロジェクトを担当する。

【Chapter 3】
1) ガラス上端を吊り金物で挟み、上部構造体の梁やスラブに緊結してガラスの重量を分担する方法。
2) Vola：1873年に設立された水栓金具の会社。ヤコブセンはヴォラ社のオーナーに新しいコンセプトの水洗金具を提案し、1969年製品化される。シンプルな形態は今も世界中の人々に支持されている。
3) Peter Holmblad（1934－）：ヤコブセンの義理の息子。コペンハーゲン・ビジネススクール修了後、西アフリカで貿易業に従事し、帰国後の1963年よりステルトン社に入社、現在はCEOを務める。
4) Stelton：1960年に設立されたステンレス製品の会社。デザイナーと組み、「シリンダライン」以外にもコーヒーポット、ティーポットなど数多くの製品を開発している。
5) Cyilinda-Line（1967）：ヤコブセンがデザインした円筒形のテーブルウエアのシリーズ。
6) 「アルネ・ヤコブセン大研究。」『pen』2002年4月15日号より。
7) Norman Robert Foster（1935－）：イギリスの建築家。男爵という爵位を持つ。「香港上海銀行」（1985）で構造をむき出しにした超高層ビルを実現させ有名になった。代表作に「ミレニアムブリッジ」（2002）、「スイス・リ本社」（2004）など。
8) DVD "Arne Jacobsen Grand Old Man of Modern Design and Architecture" より。
9) 所員ポール・オーヴ・イェンセンのヒアリングより。
10) Peter Hvidt & Orla Mølggardの「AX-series」（1947）からもインスパイアされたといわれている。これはアームが曲げ木でできていて、フリッツ・ハンセン社と協同でつくられた椅子（Carsten Thau & Kjeld Vindum, *Arne Jacobsen* より）。
11) DVD "Arne Jacobsen Grand Old Man of Modern Design and Architecture" より。
12) DVD "Arne Jacobsen Grand Old Man of Modern Design and Architecture" より。
13) DVD "Arne Jacobsen Grand Old Man of Modern Design and Architecture" より。
14) Fritz Hansen（1846－1902）：フリッツハンセン社の創業者。1872年に家具の部材会社として創業。
15) Verner Panton（1926－1998）：デンマーク生まれのスイス人。ヤコブセンの事務所でも働いていた。カラフルな色彩とプラスチック特有の曲線美からなる「パントンチェア」（1967）はあまりにも有名。
16) 展覧会カタログ『VERNER PANTON The Collected Works（東京オペラシティアートギャラリー展覧会資料第41号）』エディシオン・トレヴィル、2009より。
17) Constantin Brancusi（1876－1957）：ルーマニア出身の彫刻家。卵の形から人間の頭部をモチーフにした抽象的な作品が多い。
18) Carsten Thau & Kjeld Vindum, *Arne Jacobsen*, Arkitektens Forlag, 2001 より。
19) デンマークの評論家 Carsten Thau の言葉（DVD "Arne Jacobsen Grand Old Man of Modern Design and Architecture" より）。
20) Kolding（地名）
21) Trapholt Museum：1988年に設立されたミュージアムで、現代美術と工芸デザインのコレクションを持つ。
22) Carl Theodor Sørensen（1893－1979）：デンマークのランドスケープ・アーキテクト。代表作に「オーフス大学」（1947）。
23) Kubeflexhouse：ヤコブセンが提案したシステム住宅。
24) Kvadraflexhouse：ヤコブセンが提案したシステム住宅。
25) DVD "Arne Jacobsen Grand Old Man of Modern Design and Architecture" より。元所員のゲアート・ボルネブッシュは、ヤコブセンが珍しく重みのあることを言ったので鮮明に覚えていると述べた。
26) 本名はシャルル＝エドゥアール・ジャンヌレ＝グリ（Charles-Edouard Jeanneret-Gris）。
27) Modulor：「モデュロール」という言葉は、モデュール（module）と黄金比（section d'or）の黄金（or）を掛け合わせた造語で、手を上げて立つ標準人体（約183センチ）の寸法比や黄金比を組み合わせたもの。
28) Unité d'Habitation：集合住宅。マルセイユのほか、リュゼ、ブリエ・アン・フォレ、ベルリン、フィルミニの4カ所に建設された。
29) 日本ではル・コルビュジエの愛弟子の吉阪隆正による翻訳本が出版された（『モデュロール』美術出版社、1953）。
30) Maison Citrohan（1920）：工場で大量生産可能な労働者向け住宅。
31) Maison La Roche-Jeanneret（1924）：ル・コルビュジエの兄アルベール・ジャンヌレの家で、現在は

コルビュジエ財団となっている。

32) Villa Savoye（1931）：ル・コルビュジエが設計したパリの郊外ポワッシーにある近代建築の最高傑作といわれる住宅。「近代建築の五原則」である、自由な平面、自由な立面、屋上庭園、横長の窓、ピロティがすべて実現されている建築。

33) ピロティ、自由な平面、自由な立面、横長の窓、屋上庭園。

34) Pilotis：2階以上の建物で、地上部分が柱で支えられた外部空間のこと。

35) Brise Soleil：日除けのためのルーバー。

36) Weissenhof Siedrung：1907年、ドイツ工作連盟主催のシュトゥットガルト住宅展を機に、1927年から計画された実験的な集合住宅。ミース・ファン・デル・ローエ、ヴァルター・グロピウス、ル・コルビュジエ、ブルーノ・タウトら計16人が参加している。

37) Carsten Thau & Kjeld Vindum, *Arne Jacobsen* より。

38) ヤコブセンのスクラップブック *Nu bør Funkis være at Skældsord!*（1925 — 1934）からの引用（デンマーク王立アカデミー図書館所蔵）。

39) Christian Frederik Møller（1898 — 1988）：デンマークの建築家。1924年に独立し、1928年にカイ・フィスカーとパートナーを組み、1942年まで関係は続く。2人で手掛けた「オーフス大学」（1933）は代表作の1つ。その後も他の建築家とパートナーシップを組み、数多くの建築を手掛けている。現在も名前を残したまま、300人以上の従業員を抱えるデンマークでも最大手の建築会社の1つ。

40) Göteborg Law Courts：グスタフ・アドルフ広場に面した裁判所。1913年のコンペでアスプルンドの案が1等となるが、約30年以上変更を余儀なくされた。既存の建物は1672年に建てられたN.テッシンによるもの。

41) Jean Prouve（1901 — 1984）：フランスのエンジニア、デザイナー。工業生産の仕組みを建築に取り込み、アルミなどの金属を用いて、構造の美しさを追求し、常に実験を試みていた。ル・コルビュジエやシャルロット・ペリアンと共同で、家具や建築を手掛けている。

42) Art Nouveau：19世紀末にヨーロッパで流行した新しい装飾芸術運動のこと。有機的で自由な曲線とガラス、鉄という新素材が特徴。

43) Nancy：エミール・ガレの出身地で、アールヌーヴォーの中心的存在であった。

44) ル・コルビュジエ著、吉阪隆正訳『モデュロール II』鹿島出版会、1976より。

45) Renzo Piano（1937 — ）：イタリアの建築家。ミラノ工科大学卒業。1967年にリチャード・ロジャースと組んだ「ポンピドゥーセンター」（1977）のコンペに勝ち、1970 — 1977年まで共同事務所を設立。その後は構造家のピーター・ライスと共同事務所を設立するが、1981年にレンゾピアノ・ビルディング・ワークショップを設立。日本では「関西国際空港旅客ターミナル」（1994）がある。

46) Richard George Rogers（1933 — ）：イギリスの建築家。男爵という貴族の称号を持つ。モダニズムの機能主義的なハイテク志向の建築で知られる。ロンドンのAAスクールで学び、アメリカのイェール大学に留学。そこでノーマン・フォスターと出会い、チーム4という建築実験集団を結成し、ハイテクな建築で評判となる。その後、「ポンピドゥーセンター」（1977）、「ロイズ・ロンドン・ビル」（1986）などで、設備を外部にさらけ出した建築が話題を呼ぶ。

47) Maison du peuple, Clichy（1939）

48) Summer House, Stennäs（1937）：ストックホルム郊外のステンネースにある別荘。2棟からなる別荘のほか、トイレ小屋、ボート小屋、道具小屋、ガレージなど別棟が点在している。

49) Stennäs（地名）

50) 吉村行雄写真、川島洋一文『E. G. Asplund アスプルンドの建築 1885 — 1940』TOTO出版、2005より。

51) Flank Lloyd Wright（1867 — 1959）：アメリカの建築家。ル・コルビュジエ、ミース・ファン・デル・ローエと合わせて近代建築の三大巨匠と呼ばれている。プレイリースタイルと呼ばれる水平線を強調した高さを抑えた住宅を数多く手掛けている。代表作に「落水荘」（1936）がある。1913年には「帝国ホテル」（1923）の設計視察のために来日している。

52) Alajarvi（地名）

53) Aino Aalto（1894 — 1949）：アルヴァ・アールトの最初の妻。建築家としてアルヴァ・アールトと共同で設計に携わる。

54) Villa Flora（1926）

55) これはアスプルンドの「森の礼拝堂」を引用したものだという指摘もある（Erkki Helamaa & Jari Jetsonen, *Alver Aalto Summer Homes*, Rakennustieto, 2007より）。

56) Experimental House, Muuratsalo（1952）：別名「コエタロ」と呼ばれる。アールトが晩年通ったサマーハウスで、外壁の煉瓦やタイルは50種以上異なるものを張り、実験を行った。

57) Carsten Thau & Kjeld Vindum, *Arne Jacobsen* より。

58) Trellis：植物を支えるための支持体。木製で格子状のものが一般的。

59) 1935年に日本政府はスウェーデンに友好の証として茶室「瑞暉亭」を寄贈している。そして1930年代後半にブルーノ・タウトの『ニッポン』（1934）、吉田鉄郎の『日本の住宅』（1935）などの書物が北欧諸国に広まっていった。

年譜

1902		2月11日、コペンハーゲンに住む裕福なユダヤ系デンマーク人の長男として生まれる。父親は貿易商、母親は手先の器用な知的な女性であった	
1907	5歳		ドイツ工作連盟結成
1909	7歳		イタリア未来派発足
1913	11歳		ロシア構成主義興る
1914	12歳		第1次世界大戦勃発
1917	15歳		ロシア革命 デ・ステイル興る
1919	17歳		バウハウス開校
1920	18歳	技術学校で製図を習得し、ドイツの煉瓦職人の元で研修を受ける	「森の礼拝堂」(G. アスプルンド) 『エスプリ・ヌーヴォー』創刊(ル・コルビュジエ)
1921	19歳	家を出て、ニューヨーク行きの船に乗るが、ひどい船酔いのため断念してデンマークに戻る	
1923	21際		『建築をめざして』刊行(ル・コルビュジエ)
1924	22歳	デンマーク王立芸術アカデミーに入学。カイ・フィスカー、イヴァ・ベントセン、カイ・ゴットロブに師事	王立芸術アカデミーに家具学科創設(K. クリント)
1925	23歳	フランスとイタリアに研修旅行 カイ・フィスカーのパリ万博デンマーク館のプロジェクトを手伝い、椅子のデザインが銀メダルに入選する	パリ万国博覧会「エスプリ・ヌーヴォー館」(ル・コルビュジエ)、「ソビエト館」(K. メリニコフ)「PHランプ」(P. ヘニングセン)
1926	24歳		「近代建築の五原則」(ル・コルビュジエ) 「ヴィラ・フローラ」(A. アールト)
1927	25歳	王立芸術アカデミー卒業後、コペンハーゲン市建築局に就職(〜1929年まで) マリー・イェストロップ・ホルムと結婚、2男をもうける 最初の住宅「ワンデル邸」竣工	ヴァイセンホフ・ジードルンク展(ドイツ工作連盟主催)
1928	26歳	王立芸術アカデミーの卒業設計「クランペンボーの国立ミュージアム」でゴールド・メダルを受賞	CIAM(近代建築国際会議)第1回大会開催 「ストックホルム市立図書館」(G. アスプルンド)
1929	27歳	個人事務所を開設 「未来の家」がコンペで優勝 白いモダニズム建築の「自邸」を建てる	バルセロナ万国博覧会ドイツ館「バルセロナ・パヴィリオン」「バルセロナチェア」(ミース・ファン・デル・ローエ)
1930	28歳		ストックホルム博覧会
1931	29歳	クランペンボー地区のリゾート開発のコンペに優勝	「サヴォワ邸」(ル・コルビュジエ) 「パイミオチェア」(A. アールト)
1932	30歳		近代建築展(ニューヨーク近代美術館) 『インターナショナル・スタイル』刊行
1933	31歳	「トーヴァル・ペーダーセン邸」竣工	バウハウス閉校 ミラノ・トリエンナーレ創設 「パイミオのサナトリウム」(A. アールト)
1934	32歳	「ベラヴィスタ集合住宅」竣工	
1935	33歳	「ノヴォ社」増築	
1937	35歳	「ベルビュー・シアター&レストラン」など一連のリゾート開発が完了 「ハーラル・ペーダーセン邸」改築+庭園竣工	「ヨーテボリ裁判所」増築(G. アスプルンド) 「サマーハウス」(G. アスプルンド)
1938	36歳	「サマーハウス」竣工	
1939	37歳		第2次世界大戦勃発 ニューヨーク万国博覧会「フィンランド館」(A. アールト) 「マイレア邸」(A. アールト) 「クリシー人民の家」(J. プルーヴェ)

1940	38歳		「森の火葬場」(G. アスプルンド) G. アスプルンド没
1942	40歳	「オーフス市庁舎」竣工。家具のデザインの多くは、当時ヤコブセンの事務所の所員だったハンス・J・ウェグナーが手掛ける 「スレルズ市庁舎」竣工	
1943	41歳	ヨナ・ムラーと再婚 ドイツ軍の占領下、親戚関係にあるポール・ヘニングセン夫妻とともにスウェーデンに亡命。スウェーデンではアルヴァ・アールトから仕事や住まいの世話を受け、テキスタイルのデザインを多く手掛ける	
1946	44歳	帰国。デンマークの伝統や風土に適した建築を手掛けるようになる	プライウッド・チェア「DCW」(C. イームズ)
1949	47歳		「ラウンドチェア」(H. ウェグナー) 「チーフティンチェア」(F. ユール)
1950	48歳	クランペンボー地区に集合住宅「スーホルムⅠ」を設計し、その1軒を住宅兼オフィスとする 「ホービー小学校」竣工	「Yチェア」(H. ウェグナー)
1952	50歳	「アントチェア」を製作。世界初の成型合板一体型の椅子として注目を集める。当時ヤコブセンの事務所の所員で、後に家具デザイナーとして活躍するヴァーナー・パントンも製作に関わる	「レバーハウス」(SOM) 「国連本部会議室」インテリア(F. ユール)
1954	52歳	「マッセイ・ハリス社」ビルがブラジル・サンパウロの国際博覧会で名誉賞を受賞	「PK22」(P. ケアホルム)
1955	53歳	3本脚の「アントチェア」の改良版として「セブンチェア」を発表。世界でもヤコブセンの椅子が知られるようになる	H55展(スウェーデン工芸工業デザイン協会主催)
1956	54歳	C. F. ハンセン賞を受賞 王立芸術アカデミーの教授となる(〜1965年まで) 「ロドオウア市庁舎」竣工	
1957	55歳	「ムンケゴー小学校」竣工 「FH4130」(グランプリチェア)がミラノ・トリエンナーレでグランプリを受賞	
1958	56歳	「エッグチェア」「スワンチェア」を発表	
1960	58歳	デンマーク初の高層ビル「SASロイヤルホテル」に賛否両論 パリの「今日の建築」グランプリを獲得	「キンゴー・ハウス」(J. ウッツォン)
1962	60歳	アメリカ建築家協会(AIA)のメンバーになる スウェーデン建築家協会の名誉メダルを受賞	
1963	61歳	イギリス王立建築家協会(RIBA)の名誉会員となる	
1964	62歳	ヤコブセン初の海外大型プロジェクト「オックスフォード大学聖キャサリン・カレッジ」竣工 「ニュエア小学校」竣工	
1965	63歳		ル・コルビュジエ没
1966	64歳	オックスフォード大学の名誉博士となる	
1967	65歳	ステンレス製食器「シリンダライン」のシリーズを発表	「パントンチェア」(V. パントン)
1969	67歳	「ロドオウア図書館」竣工	
1970	68歳	システム住宅「クーブフレックスハウス」を開発	
1971	69歳	フランス建築アカデミーの金メダルを受賞 3月24日、帰宅後ソファに横たわったまま心臓発作で急逝	
1973			「シドニー・オペラハウス」(J. ウッツォン)
1976			A. アールト没
1978		「デンマーク国立銀行」竣工	

主要作品リスト

□は本書で紹介した作品

年	作品名	作品名（和訳）	所在地／メーカー名	地図

house

年	作品名	作品名（和訳）	所在地／メーカー名	地図
1927	Wandel house	ワンデル邸	C.V.E. Knuths Vej 9, Hellerup	1
1927	Steensen house	スティーンセン邸	Krathusvej 3, Ordrup	
1928	Boll house	ボール邸	C.V.E. Knuths Vej 11, Hellerup	
1929	Arne Jacobsen's own house	自邸	Gotfred Rodes Vej 2, Ordrup	2
1929	House of the Future	未来の家	現存せず	
1929	Bannister house	バニスター邸	Hegelsvej 16, Ordrup	
1930	Monrad-Aas house	モンラド・オース邸	Hegelsvej 29, Ordrup	3
1930	Rothenborg house	ローゼンボー邸	Klampenborgvej 37, Klampenborg	
1933	Vöhtz house	ヴォッツ邸	Julie Sødrings Vej 5, Ordrup	
1933	Thorvald Pedersen house	トーヴァル・ペーダーセン邸	Kongehøjen 3, Klampenborg	4
1933	Poul Munck house	ポール・ムンク邸	Hegelsvej 17, Ordrup	
1936	Svend Reinert house	スヴェンド・ライナート邸	Sundbyvestervej 29-31, Copenhagen S	
1937	Harald Pedersen house and garden (rebuilding)	ハーラル・ペーダーセン邸改築＋庭園	Dronninggårds Allé 70, Holte	5
1938	Arne Jacobsen's own summer house	自邸（サマーハウス）	Gudmindrup Skovsti 15, Gudmindrup Lyng	6
1943	K.Kokfelt house	コックフェルト邸	Lundely 19, Hellerup	
1945	Summer house for Ebbe Munch	エベ・ムンク邸（サマーハウス）	Ved Himmeltorpsvägen Arild, Sweden	
1951	C.A. Møller house	C. A. ムラー邸	Strandvejen 504B, Vedbæk	
1954	Simonÿ house	シモニー邸	Geelsvej 10, Holte	7
1956	Rüthwen-Jürgensen house	ルッツェン・ユーエンセン邸	Skodsborg Strandvej 300, Vedbæk	
1956	Summer house for Kokfelt	コックフェルト邸（サマーハウス）	Strandvejen 20, Titsvilde	8
1956	"Round house", Leo Henriksen house	「円形住宅」レオ・ヘンリクセン邸	Røgerivej 3, Odden Harbor	9
1957	Siesby house	シスビー邸	I.H. Mundts Vej 4B, Virum	
1967	Arne Jacobsen's own summer house (converting a farm)	自邸（サマーハウス、農家の改装）	Tissø, West Zealand	

system house

年	作品名	作品名（和訳）	所在地／メーカー名	地図
1970	Kubeflexhouse	クーブフレックスハウス	Trapholt Museum	10
1971	Kvadraflexhouse	クバドラフレックスハウス	現存せず	

apartment housing

年	作品名	作品名（和訳）	所在地／メーカー名	地図
1934	Bellavista housing complex	ベラヴィスタ集合住宅	Strandvejen 419-433 and Bellevuevej 1-7, Klampenborg	11
1939	Housing in Jægersborg Allé	イェゲースボー通りの集合住宅	Jægersborg Allé 48-52, Ordrup	
1941	Ibstrupparken I	イブストルッパーケン I	Smakkegårdsvej 215-219 and Ibstrupvænget 1-11 and 2-18, Gentofte	
1943	Row houses for Novo	ノヴォ社の低層住宅	Sløjfen 21-35, Gentofte	
1946	Ibstrupparken II	イブストルッパーケン II	Smakkegårdsvej 133-191 and 203-209, Gentofte	
1949	Residence for young couples	若い夫婦のための集合住宅	Ved Ungdomsboligerne 32-60, Gentofte	
1950	Søholm I	スーホルム I	Strandvejen 413 and Bellevuekrogen 20-26, Klampenborg	15
1951	Søholm II	スーホルム II	Bellevuekrogen 2-18, Klampenborg	15
1953	Alléhusene housing complex	アレフースネ集合住宅	Jægersborg Allé 185-229, Gentofte	16
1954	Søholm III	スーホルム III	Bellevuekrogen 1-7, Klampenborg	15
1957	Row houses for A. Jespersen & Søn	A. イェスパーセン＆スン社の低層住宅	Sløjfen 22-48 and Ørnegårdsvej 22-50, Gentofte	
1957	Interbau housing in Hansaviertel	インターバウ	33-39 Händelallee, Hansaviertel, Berlin, Germany	
1959	Housing block in Rødovre	ロドオウア集合住宅	Ved Rådhuset 1-43, Rødovre	
1961	Ved Bellevue Bugt	ベルビュー・バット	Strandvejen 415-427, Klampenborg	

school

年	作品名	作品名（和訳）	所在地／メーカー名	地図
1950	Hårby Elementary School	ホービー小学校	Sportsvej 16, Hårby	23
1957	Munkegård Elementary School	ムンケゴー小学校	Vangedevej 178, Søborg	24

1964	Nyager Elementary School	ニュエア小学校	Nyager Vænge 14, Rødovre	25
1964	St. Catherine's College	オックスフォード大学聖キャサリン・カレッジ	Manor Road, Oxford, Great Britain	

factory

1935	Novo Terapeutisk Laboratorium (extension)	ノヴォ社増築	Ndr. Fasanvej 215, Copenhagen N	17
1943	Fish Smokehouse	魚のスモークハウス	Odden Harbor, Sjællands Odde	19
1953	Massey-Harris Showroom	マッセイ・ハリス社ショールーム	Roskildevej 183, Glostrup	
1961	Toms Chocolate Factory	トムズ・チョコレート工場	Ringvej B4/ Ballerup Byvej, Ballerup	
1969	Novo Factory	ノヴォ社工場	Hillerødgade 42, Copenhagen N	

sports facility

1932	Bellevue Coastal Baths	ベルビュー・ビーチの施設	Strandvejen, Klampenborg	12
1934	Mattsson Riding School Hall	マットソン乗馬クラブ	Bellevuevej 12, Klampenborg	13
1934	Beach facilities at Dragør	ドラウアの海岸施設	現存せず	
1934	Junkers Hall	ユンカース・バドミントンホール	Maltegårdsvej 18, Gentofte	
1936	Tennis Hall for H.I.K.	HIK テニスホール	Hartmansvej 37, Hellerup	
1942	Gentofte Stadium (changing building)	ゲントフトの運動スタジアム改装	Ved Stadion 6, Gentofte	
1943	YMCA (KFUM) Sports Club (changing building)	YMCA スポーツクラブ改装	Nøkkerosevej 21-23, Emdrup	
1964	Landskrona Sports Center	ランドクローナのスポーツセンター	Karlsundsvägen, Landskrona, Sweden	

public building

1937	Bellevue Theater	ベルビュー・シアター	Strandvejen 451, Klampenborg	12
1937	Bellevue Restaurant	ベルビュー・レストラン	Strandvejen 449, Klampenborg	12
1937	Texaco Service Station	テキサコ・ガスステーション	Kystvejen 24, Skovshoved	14
1937	Stelling Building	ステリング・ビル	Gammeltorv 6, Copenhagen K	18
1955	A. Jespersen & Søn Office	A. イェスパーセン＆スン社オフィス	Nyropsgade 18, Copenhagen V	
1960	Royal Hotel+Air Terminal for SAS	SAS ロイヤルホテル	Hammerichsgade 1-5, Copenhagen V	26
1969	Rødovre Library	ロドオウア図書館	Rødovre Parkvej 140, Rødovre	22
1971	American Express Bank	アメリカン・エキスプレス銀行	Højbro Plads 8, Copenhagen K	
1976	Civic Center	シヴィック・センター	Castrop-Rauxel, Germany	
1977	Danish Embassy in London	ロンドンのデンマーク大使館	Sloane Street, London, Great Britain	
1978	National Bank of Denmark	デンマーク国立銀行	Havnegade 5, Copenhagen K	27

city hall

1942	Århus City Hall	オーフス市庁舎	Rådhuspladsen, Århus	20
1942	Søllerød City Hall	スレルズ市庁舎	Øverødvej 2, Holte	21
1956	Rødovre City Hall	ロドオウア市庁舎	Rødovre Parkvej 150, Rødovre	22
1959	Glostrup City Hall	グロストロブ市庁舎	Rådhusvej 2, Glostrup	
1973	Mainz City Hall	マインツ市庁舎	Mainz, Germany	

furniture & product

1952	"The Ant", FH3100	アントチェア	Fritz Hansen	
1955	"Series 7", FH3107 etc.	セブンチェア	Fritz Hansen	
1955	"The Tongue", FH3102	タンチェア	Fritz Hansen	
1955	"City Hall Clock", wall clock	シティホール・クロック	Louis Poulsen	
1957	"AJ", stainless-steel flatware	AJ カトラリー	Michelsen Silversmithy → Georg Jensen	
1957	"AJ Lamp", floor, table, wall lamp	AJ ランプ	Louis Poulsen	
1958	"The Egg", FH3317	エッグチェア	Fritz Hansen	
1958	"The Swan", FH3320	スワンチェア	Fritz Hansen	
1967	"Cylinda- Line", stainless-steel hollowware	シリンダライン	Stelton	
1969	"Vola"	ヴォラ(水栓金具)	Vola	
1970	"Bankers", wall clock	バンカーズ・クロック	Louis Poulsen	

MAP A デンマーク

スウェーデン

デンマーク

オルボー

ユトランド半島

⑳ オーフス

⑲ ⑧
⑨ ⑥

MAP B

コペンハーゲン

シェラン島

オレスン海峡

⑩ コリン

ストア海峡

北海

リレ海峡

オーデンセ
フュン島
㉓

フォーボー

バルト海

ドイツ

MAP B コペンハーゲン近郊

1. ワンデル邸
2. 自邸
3. モンラド・オース邸
4. トーヴァル・ペーダーセン邸
5. ハーラル・ペーダーセン邸
6. 自邸（サマーハウス）
7. シモニー邸
8. コックフェルト邸（サマーハウス）
9. レオ・ヘンリクセン邸
10. クーブフレックスハウス
11. ベラヴィスタ集合住宅
12. ベルビュー・シアター、レストラン、海岸の施設
13. マットソン乗馬クラブ
14. テキサコ・ガスステーション
15. スーホルム I、II、III
16. アレフースネ集合住宅
17. ノヴォ社
18. ステリング・ビル
19. 魚のスモークハウス
20. オーフス市庁舎
21. スレルズ市庁舎
22. ロドオウア市庁舎、図書館
23. ホービー小学校
24. ムンケゴー小学校
25. ニュエア小学校
26. SAS ロイヤルホテル
27. デンマーク国立銀行

あとがき

　現在、私が住む東北の山形は、どこか北欧のデンマークに似ています。時間がゆったり流れているところ、お天気がいつもどんよりしているところ、自然が豊かなところ、質素で堅実なところ、発する言葉に濁点が多いところ、保守的なところ、日曜日は営業しないお店があるところ、家族との時間を大切にするところ、あか抜けないところ、などなど。
　20年近く都会暮らしをしていた私にとって、誰も知り合いのいない土地への転居は勇気のいることでした。デンマークでは言葉が通じないこともあって、嫌な思いをたくさんしました。だから最初の頃はデンマークのことが好きになれませんでした。よい友人に巡り合うまでは。
　デンマークでのヤコブセン研究は、誰かの助けを借りなければ遂行できませんでした。私は実際に自分の目で建築を見、ヒアリングを通じ生の声を聞く調査方法に独自性を求めました。それには現地へ赴くフィールドワークが主体となり、コミュニケーション力が必要となります。「ヤコブセン設計の建物を見せてほしい」と、アポイントメントをとることから私の研究はスタートしました。相手にとってみれば、私は素性のわからない日本人です。しかし概しておおらかな気質のデンマーク人は、私の心配をよそに突然の依頼にもかかわらず、ほとんどが快く応じてくれました。大学で知り合った友人にも恵まれ、文献の翻訳だけでなく取材先への交通手段など必要な情報を丁寧に教えてくれました。調査研究が進むにつれ、デンマーク人や国そのものも、だんだん好きになっていったのです。
　人との出会いは大切です。良い友人との巡り合いは次の出会いにつながり、世界が広がっていきました。そのおかげでデンマークでの生活が楽しいものに一変し、有意義な時を過ごすことができました。

　さてここで本書の出版に際し、お世話になりました方々に厚く御礼申し上げたいと思います。まず2年連続のデンマーク国費留学は異例だったそうですが、そのおかげで実り多い調査研究を進めることができました。現地で最も足繁く通ったデンマーク国立芸術図書館建築ドローイング室の

Claus M. Smidt、Søren Christensen には、いつも有益なアドバイスをいただきました。デンマーク王立芸術アカデミーの Carsten Thau、コペンハーゲン大学の Rune Gade にはスーパーバイザーとしてご指導賜りました。またヒアリングには以下の方々に格別にご協力賜わりました。Dissing ＋ Weitling の Poul Ove Jensen、元所員の Ellen Waade、ヤコブセン設計の住宅見学に応じてくださった Jens Andrew Baumann、Lene Riggelsen、Jan Heichelmann、Mads Øvlisen、岡村ご夫妻。そしていつも図書館で机を並べて過ごした大親友の Pernille、同居人として公私にわたり面倒を見てくれた Sissel。皆さまに御礼のハグ＆キスを送りたいと思います。

日本帰国後もさまざまな方にご指導ご協力賜わりました。慶応義塾大学在学中より長きにわたりご指導していただいた三宅理一先生（現パリ国立工芸院教授）を筆頭に、資料収集に協力してくれた石田潤さん、フリッツ・ハンセン社の泰松智子さん、留学時代からいろいろと手助けしてくれる萬屋健司くんと日野水聡子さん、いつも的確なアドバイスをしてくれる高木伸哉さん、山形で知り合い装丁デザインを引き受けてくださった坂東慶一さん、その他書きつくせない方々の顔と名前が浮かびます。皆さまには本当に感謝の気持ちでいっぱいです。

また、出版の機会を与えてくださった学芸出版社および編集担当の宮本裕美さんにも、心より御礼申し上げます。企画の段階から長い時間をかけて議論を繰り返しました。一時、私の新天地での仕事が多忙のあまり、出版を断念しかけたこともありました。しかし皆さまの励ましのおかげで、なんとか出版にたどりつくことができた次第です。

最後に、自由奔放に生きる私を温かく見守ってくれる両親と、いつも私の傍らで気持ちをなごませてくれる愛犬 Lee ＆ Judy に感謝の気持ちを伝えたいと思います。

山形に来てまだ 9 カ月。「日本のデンマーク」にて、国境や時代を超えて人々に愛され続ける〈Timeless Design〉を追究していきたいと思います。

　　　　　　　　　　2010 年 1 月 4 日　雪の山形にて　　和田菜穂子

図版出典

- デンマーク国立芸術図書館建築ドローイングコレクション Danish National Art Library Architectural Drawings Collection (Danmarks Kunstbibliotek Samlingen af Arkitekturegninger)：p.2、p.7、p.11 右、p.12、p.21、p.25、p.27、p.29 下、p.30、p.37 上左、p.38 左、p.48 下右、p.49 中、p.51 右、p.59、p.67、p.79 下左、p.80 下右、p.85 下左、p.91、p.112 上・下左、p.128-129、p.132、p.133、p.135 左、p.139、p.140 上、p.142
- Carsten Thau & Kjeld Vindum, *Arne Jacobsen*, Arkitektens Forlag / The Danish Architectural Press, 2001：p.10、p.11 左、p.13、p.19、p.24 右、p.38 右、p.41 上右、p.46 左、p.68 上、p.79 上・下右、p.100AJ ランプ、p.101 シリンダライン、p.112 下右、p.135 左
- 展覧会カタログ「建築家坂倉準三展 モダニズムを住む―住宅、家具、デザイン」アーキメディア、2009（原出典『芸術新潮』1961.5）：p.18
- ヨーラン・シルツ著、田中雅美・田中智子訳『白い机：モダン・タイムス―アルヴァ・アアルトと機能主義の出会い』鹿島出版会、1993：p.24 左
- Félix Solaguren-Beascoa, *Arne Jacobsen: Approach to his Complete Works 1926-1949*, Arkitektens Forlag / The Danish Architectural Press, 2002：p.46 左
- Félix Solaguren-Beascoa, *Arne Jacobsen: Approach to his Complete Works 1950-1971*, Arkitektens Forlag / The Danish Architectural Press, 2002：p.51 左、p.111
- フリッツ・ハンセン社提供：p.84 下、p.85 下右、p.104 アントチェア、セブンチェア、中左、p.105 中右、p.108 エッグチェア、スワンチェア
- アイ・ネクストジーイー社提供：p.93 シティホール、バンカーズ
- 森國洋行氏提供：p.116 下
- Peter Sulzer, *Jean Prouve Complete Works volume 2: 1934-1944*, Birkhaeuser, 2000：p.124 上
- 三宅理一氏提供：p.125 上

上記以外の写真は筆者撮影

参考文献

【ヤコブセンに関して】

- Carsten Thau & Kjeld Vindum, *Arne Jacobsen*, Arkitektens Forlag / The Danish Architectural Press, 2001
- Michael Sheridan, *ROOM 606: The SAS House and the Work of Arne Jacobsen*, Phaidon, 2003
- Poul Erik Tøjner & Kjeld Vindum, *Arne Jacobsen Architect & Designer*, Dansk Design Center, 1999
- Félix Solaguren-Beascoa, *Arne Jacobsen: Approach to his Complete Works 1926-1949*, Arkitektens Forlag / The Danish Architectural Press, 2002
- Félix Solaguren-Beascoa, *Arne Jacobsen: Approach to his Complete Works 1950-1971*, Arkitektens Forlag / The Danish Architectural Press, 2002
- Félix Solaguren-Beascoa, *Arne Jacobsen: Drawings 1958-1965*, Arkitektens Forlag / The Danish Architectural Press, 2002
- Poul Erik Tøjner, *ATLAS Arne Jacobsens akvareller*, Kunstbogklubben, 2003
- Exhibition catalogue, *Arne Jacobsen Absolutely Modern*, Louisiana Museum of Modern Art, 2002
- Peter Thule Kristensen og Realea A/S, *Arne Jacobsens Eget Hus Gotfred Rodes Vej 2*, Udgivet af Realea A/S, 2007
- Peter Thule Kristensen og Realea A/S, *Arne Jacobsens Eget Hus Strandvejen 413*, Udgivet af Realea A/S, 2007
- Lisbet Balslev Jorgensen, *2G Libros Books Arne Jacobsen*, Edificios Publicos Publc Buildings, 1997
- Chiristopher Mount, *Arne Jacobsen*, Chronicle Books, 2004

【北欧建築、その他に関して】

- Tobias Faber, *Scandinavian Modern Houses Volume 1*, Per Nagel
- Claus M. Smidt, Carsten Thau, Tobias Faber, Chirstoffer Harlang, Kim Dirckinck-Holmfeld, *Danish Architecture since 1754*, The Danish Architectural Press, 2007

- Noritsugu Oda, *Danish Chairs*, Chronicle Books, 1999
- Esbjorn Hiort, *Finn Juhl Furniture Architecture Applied art*, The Danish Architectural Press, 1990
- Jens Bernsen, *Hans J Wegner*, Danish Design Center, 2001
- Peter Sulzer, *Jean Prouve Complete Works volume 2: 1934-1944*, Birkhaeuser, 2000
- Erkki Helamaa & Jari Jetsonen, *Alvar Aalto Summer Homes*, Rakennustieto Oy, 2008
- 島崎信『デンマークデザインの国　豊かな暮らしを創る人と造形』学芸出版社、2003
- 島崎信、柏木博他『太陽レクチャー・ブック003　北欧インテリア・デザイン』平凡社、2004
- 展覧会カタログ『北欧モダン　デザイン＆クラフト』アプトインターナショナル、2007
- 展覧会カタログ『VERNER PANTON The Collected Works (東京オペラシティアートギャラリー展覧会資料第41号)』エディシオン・トレヴィル、2009
- 松本淳『ヘヴンリーハウス─20世紀名作住宅をめぐる旅4　マイレア邸／アルヴァー・アールト』東京書籍、2009
- 吉村行雄写真、川島洋一文『E. G. ASPLUND アスプルンドの建築 1885─1940』TOTO出版、2005
- ヨーラン・シルツ著、田中雅美・田中智子訳『白い机：モダン・タイムス─アルヴァ・アアルトと機能主義の出会い』鹿島出版会、1993
- 萩原健太郎『北欧デザインをめぐる旅』ギャップ・ジャパン、2008
- ヴィトラ・デザイン・ミュージアム、慶應義塾大学DMF企画、カトリーヌ・デュモン・ダヨ、ブルーノ・ライシュリン監修、山名善之日本語監修『ジャン・プルーヴェ　The poetics of technical objects』TOTO出版、2004
- 展覧会カタログ「建築家坂倉準三展 モダニズムを住む─住宅、家具、デザイン」アーキメディア、2009

【雑誌】
- *ARKITEKTUR DK*, 2007 Juni, Arkitektens Forlag
- *ARKITEKTUR DK*, 2002 Oktober, Arkitektens Forlag
- *Scandinavian Journal of Design History Volume 7 1997*, Rhodos International Science And Art Publishers
- 「特集：アルネ・ヤコブセン大研究。」『Pen』no. 81, 2002. 4/15
- 「特集：北欧モダンの凄腕建築家アルネ・ヤコブセン」『芸術新潮』2007. 12
- 「特集：アルネ・ヤコブセンのモダン ハウス」『X-Knowledge HOME』vol. 19, 2003. 9
- 「特集：まるごと北欧コペンハーゲン」『スカンジナビアン・スタイル』vol. 21, 2009年夏
- 「特集：デンマーク・モダンハウスの最盛期」『SD』1996. 9
- 「家庭画報特選 Home Ideas　北欧インテリア─世代を超えて愛される」『別冊家庭画報』世界文化社、2009

取材協力

Claus M. Smidt, Søren Christensen, Carsten Thau, Ellen Waade, Poul Ove Jensen, Reiko Nara, Lene Riggelsen, Jens Bo Pedersen, Mads Øvlisen, Lise Øvlisen, Sara Hallas Møller, Jan Heichelmann, Jens Andrew Baumann, Lars Dybdahl, Susanne Carsten Pedersen, Takashi Okamura, Kyoko Okamura, Rene Kural, Rune Gade, Gunhild Gorggreen, Lisbeth Pepke, Tetsuo Fukuda, Tomoko Yasumatsu, Pernille Kaadekildeholm, Sissel Hansen, Mette Salomonsen, Morgens Jacobsen, Ida Marie Wedfall, Philip Goransson, Satoko Hinomizu, Keiko Yamagata, Rie Obe, Ai Fukuda, Nozomi Tamura, Eriko Hayashi, Kenji Yorozuya

Danmarks Kunstbibliotek Samlingen af Arkituregninger, Dissing + Weitling, Embassy of Denmark, REALEA, Fritz Hansen, Novo Nordisc, Shincho-Sha, I NEXT GE, Louis Poulsen, Nils Kevin Jacobsen's Family Foundation

和田菜穂子　Nahoko Wada

1969年新潟県生まれ。博士（学術）。建築史家。慶應義塾大学大学院単位取得退学後、2006〜2008年デンマーク政府奨学生としてコペンハーゲン大学留学。主な職歴として、黒川紀章建築都市設計事務所秘書、神奈川県立近代美術館非常勤学芸員、慶應義塾大学非常勤講師、東北芸術工科大学准教授、東京藝術大学特任准教授。大学教育と並行して、建築やアートに関する国際展等のコーディネートやプロデュース業に従事。美術館と連携した親子向けワークショップの企画等多数。2016年一般社団法人東京建築アクセスポイント設立。一般、子供、外国人向けに各種建築トークツアーを企画し、建築の魅力をわかりやすく伝えるための普及活動を幅広く展開している。主な著書に『近代ニッポンの水まわり』『北欧モダンハウス』（以上、学芸出版社）、『北欧建築紀行』（山川出版社）。http://www.nahoko-wada.com

---

アルネ・ヤコブセン
時代を超えた造形美

2010年2月10日　初版第1刷発行
2017年5月1日　初版第2刷発行

著　者………和田菜穂子
発行者………前田裕資
発行所………株式会社学芸出版社
　　　　　　京都市下京区木津屋橋通西洞院東入
　　　　　　電話 075-343-0811　〒600-8216

装　丁………坂東慶一
印　刷………イチダ写真製版
製　本………山崎紙工

Ⓒ Nahoko Wada 2010　　　　Printed in Japan
ISBN 978-4-7615-1269-9

〈JCOPY〉〈(社)出版者著作権管理機構委託出版物〉
本書の無断複写（電子化を含む）は著作権法上での例外を除き禁じられています。複写される場合は、そのつど事前に(社)出版者著作権管理機構（電話 03-3513-6969、FAX 03-3513-6979、e-mail: info@jcopy.or.jp）の許諾を得てください。また本書を代行業者等の第三者に依頼してスキャンやデジタル化することは、たとえ個人や家庭内での利用でも著作権法違反です。